四川省"十四五"职业教育
省级规划教材立项建设教材

HANGKONG FUWU
KOUYU JIAOJI
YU BOYIN JIQIAO

■职业教育航空运输类专业"产教融合"新形态教材■

航空服务口语交际与播音技巧

第2版

总主编：魏全斌
主　编：魏全斌
副主编：段玉超　王　佳
参　编：王嘉梅　黄清豪　赵　青　何露瑶

U0646477

云学习

北京师范大学出版集团
BEIJING NORMAL UNIVERSITY PUBLISHING GROUP
北京师范大学出版社

图书在版编目（CIP）数据

航空服务口语交际与播音技巧／魏全斌主编 . -- 2 版 . -- 北京：
北京师范大学出版社，2024.10（2025.8 重印）
ISBN 978-7-303-29417-6

Ⅰ.①航…　Ⅱ.①魏…　Ⅲ.①旅客运输 - 商业服务 - 口语 - 教材②民用航空 - 旅客运输 - 播音 - 语言艺术 - 教材　Ⅳ.① F560.9

中国国家版本馆 CIP 数据核字（2023）第 195087 号

HANGKONG FUWU KOUYU JIAOJI YU BOYIN JIQIAO
出版发行：北京师范大学出版社 https://www.bnupg.com
　　　　　北京市西城区新街口外大街12–3号
　　　　　邮政编码：100088
印　　刷：保定市中画美凯印刷有限公司
经　　销：全国新华书店
开　　本：889 mm×1194 mm　1/16
印　　张：11.25
字　　数：245千字
版　　次：2024年10月第2版
印　　次：2025年8月第3次印刷
定　　价：41.00元

策划编辑：王云英　　　　　　　责任编辑：王云英　吴纯燕
美术编辑：焦　丽　　　　　　　装帧设计：焦　丽
责任校对：陈　民　　　　　　　责任印制：赵　龙

版权所有 侵权必究

职业教育航空运输类专业"产教融合"新形态教材
专家指导委员会

主　任

魏全斌　四川西南航空职业学院　荣誉院长、研究员

　　　　四川泛美教育投资集团有限责任公司　董事长

副主任

杨新涅　中国民航大学　副校长、教授

叶　耒　中国商用飞机有限责任公司四川分公司　总经理助理、人力资源部部长

王海涛　成都航空有限公司　人力资源部总经理

委　员

郭润夏　中国民航大学　教授

陈玉华　成都航空职业技术学院　教授

裴明学　四川西南航空职业学院　院长、研究员

龙　强　四川泛美教育投资集团有限责任公司　特聘专家

刘　桦　四川泛美教育投资集团有限责任公司　副总裁、特级教师

曾远志　四川泛美教育投资集团有限责任公司　副总裁

　　《航空服务口语交际与播音技巧（第2版）》是在第1版的基础上，以习近平新时代中国特色社会主义思想和党的二十大精神为指导修订而成，新版教材坚持落实立德树人根本任务，遵循教材建设规律、职业教育教学规律，符合职业院校学生的认知特点。本教材共分为五个项目，分别是了解航空服务口语交际、打好航空服务口语交际基础、打好普通话与播音语音基础、提升航空服务口语交际与播音能力、掌握航空服务非语言沟通与特殊服务交际技能。新版教材有以下特点。

　　第一，产教融合，双元开发。本教材由四川西南航空职业学院组织编写，由泛美航空职教集团和商用飞机行业产教融合共同体合作完成，汇聚了中国民航大学、四川西南航空职业学院、成都航空职业技术学院的一线教师与中国商用飞机有限责任公司四川分公司、成都航空有限公司等企业专家，团队成员的丰富教学经验、学术造诣以及行业经验确保了教材的科学性、实用性与适用性。

　　第二，思政融入，价值导向。本教材全面落实课程思政的要求，通过学习航空服务口语交际与播音的技巧，培养学生崇尚宪法、遵纪守法、崇德向善、诚实守信、尊重生命、热爱劳动的品质，培养学生的社会责任感，增强学生的社会参与意识；践行"忠诚担当的政治品格，严谨科学的专业精神，团结协作的工作作风，敬业奉献的职业操守"的当代民航精神；具有安全意识和良好的服务意识；引导学生树立正确的世界观、人生观和价值观。

　　第三，内容科学，体例创新。新版教材依照职业教育国家教学标准体系，对接职业标准和岗位能力要求，体现了产业发展的新技术、新规范、新标准，深入挖掘民航企业的实际工作需求和岗位要求，确保教材内容与实际的岗位需要无缝衔接。本教材以项目任务为载体，体现了职业教育的类型特点；提供了大量的案例和实际情境，让学生能将所学理论更好地迁移到实际工作需求中。结合学生特点，编写力求文字简洁、通俗易懂。本教材体现了"贴近社会生活、贴近工作实际、贴近学生特点""与职业岗位群对接、与职业资格标准对接、与实际工作过程对接"的"三贴近""三对接"原则，注重对学生职业核心能力的培养，体现了"岗课赛证"融通的理念。

第四，资源丰富，新形态教材。在修订过程中，联合行业、企业专家，收集真实的工作案例，配套丰富的教学资源。本教材的设计和呈现充分体现了职业教育新形态教材的理念，结合融媒体和数字化技术，以适应学生的需求。

第 2 版教材由魏全斌担任主编，负责整体思路的筹划，拟定具体的编写方案。段玉超、王佳担任副主编，王嘉梅、李林、赵青、何露瑶参与编写。孙觥、刘贫、朱玉龙、高影、周雨露、马俊伟也为本教材的出版作出了贡献。中国民航大学邹铁夫对本教材进行了审读，成都航空有限公司陈凌在让本教材体现新技术、新规范、新标准方面提供了优秀的建议，有效地保证了本教材的科学性、专业性、实用性、适用性，在此表示衷心的感谢。

本教材不仅适用于航空运输类相关专业教学，也可以作为航空公司的培训教材。受编者水平所限，本教材难免存在一定的不当之处，恳请广大读者提出宝贵意见，以便我们作进一步的修订完善。

《国家中长期教育改革和发展规划纲要（2010—2020年）》明确提出：中等职业教育与高等职业教育协调发展，构建现代职业教育体系。职业教育为社会、经济和人的发展服务成为职业教育理论工作者与实践工作者的共识。

近年来，随着社会、经济的进步，民航业得到了空前的发展。民航业的大发展需要大量道德高尚、素质优良、技能娴熟的一专多能的人才。正因为如此，一批办学理念先进、教学与实习实训设备精良、师资力量雄厚的学校或专业应运而生，为促进民航业的发展作出了重要贡献。

要培养高素质的人才，离不开高质量的学校，离不开高水平的教师，更离不开理念先进、内容丰富、形式新颖的精品教材。为此，我们组织了全国行业职业教育教学指导委员会、全国中等职业教育教学改革创新指导委员会、职业教育教学研究机构的专家，全国近20家企业的行家以及具有丰富的教学与教材编写经验的优秀教师群策群力编写了本套教材。

本套教材立足国内近20家企业相关工作岗位对人才素质与能力的要求，针对学生职业生涯发展的需求编写。在体系结构上，本套教材中的各册教材有机衔接，体系完整。在内容上，本套教材涵盖了典型的工作任务，体现了"贴近社会生活、贴近工作实际、贴近学生特点""与职业岗位群对接、与职业资格标准对接、与实际工作过程对接"的"三贴近""三对接"原则，注重学生职业核心能力的培养。在形式上，本套教材按照"具体—抽象—实践"的逻辑顺序，设计了"案例导入""读一读""小贴士""思考与练习"等栏目，行文中图文并茂，突出了教材的可读性与互动性，既方便教师的教，也方便学生的学。本套教材既可供职业院校航空运输类专业学生使用，也可作为民航企业员工的培训教材或参考资料。

本教材由职业教育专家魏全斌担任主编，由陆建华、杨省贵、段剑锋、曾远志、张义光担任副主编。参加本教材编写的人员有：中国民航飞行学院陈新，四川西南航空专修学院刘桦、张菲菲、杨洪光、王建宽，成都航空旅游职业学校程冲、余磊等。全书由中国民航飞行学院杨省贵统稿。

在编写本教材的过程中，得到了上海机场贵宾服务公司总经理王培立、深圳宝安国际机场安检站站长赵萍、成都双流国际机场安检站副站长夏静、深圳航空公司维修工程部总经理助理王继营、四川新力航空技术有限公司（机务）总经理李元、一汽大众人力资源部部长卢荃等航空企业的专业指导；吸纳了四川西南航空专修学院、成都航空旅游职业学校、成都礼仪职业中学、成都财贸职业中专学校、成都现代职业技术学校等职业院校骨干教师的宝贵建议；尤其是，由全国各大航空公司、机场服务企业知名的专家和领导组成的"职业院校航空服务专业教材建设企业专家指导委员会"的专家针对教材的内容、编写体例等提出了大量的建议，有效地保证了本教材与民航服务企业的实际工作要求相吻合，在此一并表示衷心的感谢。在编写本教材的过程中，我们参阅了相关论著和资料，引用了一些最新的研究成果，但由于联系方式不准确等原因，未能一一征得原成果作者的同意，敬请原成果作者谅解并与我们联系，我们将奉寄稿酬和样书，并在重印或再版时根据原成果作者的要求进行相应的调整。

教材中难免有不尽如人意之处，恳请广大读者提出宝贵的意见，以便我们在修订时加以完善。

目录
CONTENTS

001

项目一
了解航空服务口语交际

019

项目二
打好航空服务口语交际
基础

065

项目三
打好普通话与播音语音基础

125

项目四
提升航空服务口语交际
与播音能力

项目一　了解航空服务口语交际

　　中国民用航空服务一直以规范的姿态屹立于服务业的潮头，这样的品质是民航从业者根据多年实践经验总结和传承打造而成的。在本项目，我们将一起了解民航服务的特点及要求，共同学习口语交际在民用航空服务中的重要作用和要遵循的原则。

案例导入 ▶▶ 2013 年 6 月 19 日傍晚，暴雨突然来袭，航班大面积延误，超过 9000 名旅客滞留某国际机场；从 20 日凌晨 2:30 开始，机场再次遭受雷雨袭击，这是机场继 18 日和 19 日后，连续第三天遭遇雷雨天气。雷雨连下三天，打乱了机场的航班飞行计划，导致这三天来计划乘坐飞机出行的旅客都不能正点前往目的地，被困于机场。机场工作人员只能等待天气好转才能组织航班恢复运行。针对这一情况，机场发布了大面积航班延误应急预警信息。焦急的旅客、恶劣的天气、通宵运营的工作强度考验着机场的地勤人员，考验着执飞班机的全体机组成员，他们怎样才能安抚好旅客的情绪，怎样才能言简意赅地传递最新的消息？让我们一起进入本项目的学习吧。

任务一
了解航空服务的职业特点和素质要求

一、航空服务的职业特点

我国民用航空事业自 20 世纪 70 年代以后发展很快。民用航空事业是现代化运输业，具有较高的科学技术水平，同时实施严格的科学管理。要想在航空系统做好服务工作，除了学好有关专业知识外，还必须具备良好的职业道德、得体的形象与举止、丰富的文化底蕴和高超的服务技巧，良好的沟通协调能力和亲和力也是必不可少的基本素质。

二、航空服务的素质要求

读一读 ▼

优质服务成就最美团队

某次从九寨沟飞往深圳的航班上，来了一位吸着氧气的老人。为了老人的乘机安全，航空公司专门请来医生给老人体检，医生最后证明老人适合乘机。下午3点多，老人被顺利送回深圳，病症明显减轻。

当天中午，乘坐该航班的旅客正在登机。这次航班上共有3个旅行团，在最后一个团的旅客队伍中，乘务长发现了一位鼻子上插着氧气管的老人，她手里捧着氧气包，脸色苍白，由老伴搀扶着登上飞机。乘务长急忙将老两口扶到最前排的座位上，关切地询问老人的身体状况。原来老人和老伴于3天前参加旅行团前往九寨沟，她在到达的当天就因为高原反应病倒了。经过当地医疗机构治疗后，她已经脱离了危险，但身体仍旧非常虚弱。老人感觉稍好一点时，就打算跟着原来的旅行团返回深圳。乘务组非常理解老人的心情，也希望能迅速将老人送回深圳做进一步治疗，但是考虑到老人高龄和患病的状况，还不清楚她能否适应高空特殊环境。按照民航相关规定，这种情况的旅客需要医生的证明才能乘坐飞机。此时飞机马上就要起飞了，让机场医生前来为老人检查势必会延误航班。是等待老人体检还是拒绝老人乘机？机长果断地决定先通知医生前来检查，同时让乘务长通过客舱广播将情况告知旅客，征求旅客的意见，希望得到旅客的理解、配合。广播了三遍，大家都纷纷表示愿意等待。十多分钟后，医生赶到现场，为老人仔细做了检查，并询问了老人的病史。经过综合分析，医生认为老人乘坐飞机不会有太大的风险，并给她开具了可乘机证明。飞机终于能起飞了，在空中，老人得到了乘务组细致入微的照顾。虽然耽误了大家一些时间，但所有旅客始终没有怨言。

下午3点多钟，飞机顺利抵达深圳机场。走下飞机的时候，老人的气色明显好转，病症也减轻了不少。

（一）系统的服务理念和强烈的服务意识

在民航系统工作是不少人梦寐以求的，但也不得不正视这样一个现实：从事这个职业同样面临着巨大的就业压力。这个职业对从业人员的素质要求很高，具有系统的服务理念和强烈的服务意识是对员工最起码的素质要求。

在激烈的市场竞争中，服务质量的高低决定了企业能否生存，市场竞争的核心就是服务的竞争。民航企业最关心的是旅客和货主，要想在市场竞争中赢得旅客和货主的信赖，就必须增强服务意识并更新服务理念。服务意识是经过训练一步一步形成的。意识是思想和行动的结合体，是不能用规则来保持的，必须融入每个服务人员的职业观里，成为一种自觉的思想。

（二）良好的思想品质

熟悉航空服务工作的人都知道，看似高雅、轻松的乘务工作实际上是非常劳累和枯燥的。乘务员美丽恬静的外表下是经过严格训练后的自我控制，所以如果没有建立在深刻理解乘务工作基础上的热爱，就很难长久保持对这份工作的热情。

具体来说，对工作的热爱就是要甘于平凡、乐于助人：要能够从枯燥的安全检查中，认识到简单的动作对旅客生命和国家财产的重要性；从繁复单调的端茶送水中，感受到人与人之间的温情；从日复一日的迎来送往中，体会到人与人之间的尊重，从而真正理解工作的意义。只有对工作的热爱，才能吸引乘务员积极探索服务工作的有关知识，激发工作热情，克服工作中的各种困难。从这个意义上说，对服务工作本身的热爱是航空服务人员搞好服务工作的原动力。

读一读 ▼

用心服务、真诚工作

"待客如亲，高尚品质，用心、诚信、细心、温馨，优质服务。"浓缩的20个字表达了李奶奶的所有乘机感受。

在哈尔滨至昆明的某次航班上，乘轮椅的旅客李奶奶被地勤人员送上飞机，乘务组快速地迎上去，小心翼翼地接过轮椅，背她入座，并第一时间为她送去了热水、枕头和毛毯。负责该区域的乘务员杨月与她沟通道："您可以把我们当成您的孙女，随时呼唤。"

航程较长，李奶奶想去卫生间，但因为腿脚不方便，又不愿打扰乘务组，显得有些不安，在杨月的一再询问下才吐露需求。杨月抱着李奶奶走到卫生间门口，李奶奶突然指了指自己的裤子，杨月马上明白了李奶奶此时的不便："没事的，交给我。"因卫生间狭窄，杨月跪着给李奶奶换了一个新的纸尿裤，整理好之后又帮李奶奶穿好裤子。将李奶奶送回座位后，杨月又回到卫生间处理污物。

下机时，李奶奶拍了拍杨月的头，说："不知道还能不能有机会再见，谢谢你，比我的孙女还有心。"

"我很乐意当您的孙女来照顾您，希望哪天又能在万米高空见到您！"杨月回答。

几天后，川航云南分公司客舱分部收到了李奶奶的家人邮寄来的锦旗，他们对乘务组在飞机上暖心、周到的服务表达了谢意。

随着出行的愈发便利，老年旅客独自乘机的场景经常出现在航班上。为了贴心地照顾好特殊旅客，川航有一系列特殊旅客专属服务。例如：川航客舱部升级服务项目，推出老年旅客定制式个性化服务，包括定制餐饮服务、专属生日服务、特殊纪念日服务等。在航班上，乘务员们都把老人当作自己的爷爷奶奶，特别用心，也获得了旅客的好评。

小贴士▼

▶ **服务工作需要爱心**

爱心是对旅客的友善。服务是人际交往，优质服务是愉快的人际交往，是美好的情感在人与人之间产生的共鸣，而爱心是美好情感的基础。乘务员作为"空中服务"这种特殊人际交往过程中的服务者，掌握着服务氛围的主动权。以爱心为基础的服务才是真诚的服务，乘务员对旅客的爱心对于营造优质的服务氛围非常重要。一个优秀的乘务员，首先应该是一个与人为善、充满爱心的人。

（三）高超的服务技能和服务技巧

如果说服务意识是飞机的机身或发动机，那么服务技能和服务技巧就是飞机的两个机翼。服务技能和服务技巧只有在具有服务意识的基础上才能够生效，有了服务意识，危机才会得到避免或合理控制；只有"服务意识＋服务技能＋服务技巧"的民航服务才能够让旅客满意，并实现真正意义上的民航和谐。

乘务员在飞机上不仅仅是端茶送水，还需要借助掌握的许多知识提供专业的服务。比如，我们的航班今天飞往法国，乘务员就要掌握法国的概况，包括人文地理、政治、经济等，同时要了解航线飞越的国家、城市、河流、山脉以及名胜古迹等相关情况，另外还要掌握飞机设备的使用方法、紧急情况的处置、飞行中的服务工作程序以及服务技巧等。可以说，乘务员一方面要懂天文地理，另一方面要掌握各种服务技巧和服务理念，不但要有整洁的外在美，也要有丰富的内在美。

读一读 ▼

"空姐"的来历

早在1914年，世界上就有了定期商业航班。1919年，还进行过第一次国际飞行。自1919年8月25日起，定期国际航班开始通航。但在很长一段时间内，飞机上的旅客一直是由副驾驶员兼顾照料的。

1930年5月的一天，美国波音航空公司（美国联合航空公司前身）驻旧金山分公司办事处的董事史蒂夫·斯廷帕森去一家医院看望朋友，随后同该医院护士埃伦·丘奇聊起天来。埃伦好奇地向他询问飞机上的有关情况，他却遗憾地表示：由于旅客们大都对飞机的性能不了解，为安全起见，他们喜欢坐火车，而不愿意乘飞机；即使只有少量旅客会选择乘坐飞机，他们也需要各种服务，副驾驶员一个人实在忙不过来。埃伦不由得想起她所照料的那些病人，遂脱口而出："你们怎么不雇用一些女乘务员来从事这些服务呢？姑娘们是可以改变这一现状的。""对！"史蒂夫恍然大悟，惊喜

地叫了一声，连连拍手称妙。

随后，史蒂夫给波音航空公司主席的助手帕特发了一封电报，提议招一些姑娘充当机上服务员，还给她们起了个美名——"空中小姐"。主席很快便采纳了史蒂夫的意见，还授权他先招8位姑娘，建立一个服务机组。史蒂夫高兴地将这一消息告诉了埃伦，埃伦又高兴地将这一消息转告其他一些护士们。于是，不到10天，埃伦和另外7名护士就登上了民航飞机，并于5月15日在旧金山至芝加哥的航线上进行机上服务工作，从而成了全世界第一批"空中小姐"。其他民航公司见波音航空公司新招，无不竞相效仿。这一做法很快风行世界各地，"空姐"也迅速发展为一种全球性的新兴职业。

（四）良好的形象与气质

乘务员的言谈举止、服务态度是一个航空公司服务水平的外在体现。乘务员要相貌端庄，举止得体大方，还要具有亲和力。我国招收空中乘务员的基本要求为：女性身高为1.63～1.72米，男性身高为1.73～1.84米，双眼裸眼视力0.6以上，身体无明显瘢痕。

（五）全面的综合素质

良好的沟通能力要求乘务员拥有丰富的内涵、良好的素质和较强的幽默感。作为一名航空服务人员，乘务员应该掌握各种机型的特点、突发事件应对方案、医学救护常识、地理常识、风土人情、社交礼仪、心理学常识、航空机械常识、相关法规等，尤其是熟练掌握不同的语言、灵活运用语言技巧非常重要。航空服务人员在把知识和智慧传递给旅客的同时，也向他们展示自己的魅力，旅客们会认同、熟知并记住这份与众不同的魅力。

读一读 ▼

婴儿啼哭怎么办？细心民警来处理

一天，正在广东某机场候机楼入境大厅执行检查任务的该站三队女民警付景萍突然听到旅客队伍中传来阵阵婴儿哭声。小付赶紧循声走上前去，只见一位外籍年轻母亲正哄着怀中只有几个月大的婴儿，用了许多办法，就是不见效，孩子已经哭得上气不接下气了，孩子的母亲又因晕机全身乏力。同样是母亲的小付心疼不已，于是马上唤来民警小董一起优先为母女俩办理入境边防检查手续，将她们搀扶进休息室，用孩子母亲带来的奶粉迅速为孩子冲泡。在婴儿吃到奶的刹那间，哭声停止了，还一个劲儿地冲着喂他的小付笑。孩子的母亲动情地说："中国的警察真细心，就像我们的亲人一样和蔼可亲，太谢谢你们了。"

（六）微笑服务——人际交往的通行证

心理学家证明，要绽放最有魅力的微笑，不是嘴角上扬、露出八颗牙齿就可以了，而是眼睛要放出愉悦的光彩。微笑是人际交往的通行证，是沟通的润滑剂，可以拉近人与人的距离。微笑只是一瞬间的事情，但是人们对它的记忆却是长久的。

任务二
认识口语交际

"一言知其贤愚。"一个人的文化知识底蕴、思想品德素养等方面都会在他与别人的交流中悄悄流露。口语交际是在特定环境里产生的言语活动。口语交际的核心是"交际"，就是运用口语传递信息、表达思想感情。这种能力体现为口头语言的表达能力、思维的应变能力，以及接触无声语言（体态）的能力。口语交际的能力是一个人综合素质的体现，是凭借听、说进行交流、沟通，并传递信息、联络感情、处理问题。口语交际并不是简单的开口说话。

一、口语交际的意义

古往今来，口语交际都发挥着重要的作用。因此，我们在和旅客交流的过程中，一定要注意自己进行口语交际的方式方法，应将最好的服务展现给旅客，使旅客有"宾至如归"之感。

现在，各航空公司都将为旅客提供优质服务作为竞争砝码，在服务形式和服务内容上不断推陈出新。很多航空公司在飞机起飞前有乘务员向头等舱旅客进行自我介绍的环节，其内容包括代表公司向旅客表示欢迎，进行简短的自我介绍，表示希望为旅客提供优质服务等。这样做既是为了拉近乘务员与旅客的距离，让他们对当班的乘务员有所了解，也是为了增强乘务员的责任感。这样，乘务员在服务上就不能马虎了，也促使乘务员在工作中争取做到精益求精。

读一读 ▼

说话是一门艺术

某航班上的一位旅客刚一落座，就对乘务员的服务不断挑毛病。他的表现立即引起了乘务长的注意。乘务长走近对方，先是认真地聆听了对方对配餐、报刊的种种不满，接着诚心诚意地请教对方："先生，您见多识广，国内外著名航空公司的班机您肯定坐过不少。请教一下，您认为我们在服务方面存在哪些不足？"在回答完乘务长的问题后，那位旅客的态度就变得平和了。

二、口语交际在航空服务中的重要作用

著名美学家朱光潜说：话说得好就会如实地达意，使听者感到舒适，产生美感，这样的说话就成了艺术。[①] 话不在多，而在于得体。说得体的话，不仅能达到说话的目的，让旅客听明白，还能显示说话人的素质和修养。

读一读 ▼

处理特殊情况时要学会与旅客沟通

航班出现延误后，某航班的乘务长在即将到达目的地之际，去向一名旅客致谢，询问并征求他的乘机感受和意见。这名旅客当天由于有重要的事情要处理却被拖延，所以没好气地回了一句："没办法啊，谁让这条航线只有你们公司在飞，你们是唯一的选择。"面对旅客的抱怨，乘务长却微笑着说道："'唯一'在汉语里有最好的意思，

---

① 朱光潜：《谈美书简》，79页，海口，南海出版公司，2022。

所以您唯一的选择也是最好的选择啊，而且从您的选择中我们看到了您做事的专注，这一点真值得我向您学习。在此，也请允许我代表公司感谢您始终如一的选择，并衷心希望您在今后出行的日子里，都能始终如一地选择我们！"这名旅客听后不禁笑了……

　　在具体的服务过程中，面对形形色色的旅客，面对他们提出的不同问题，航空服务人员一定要选择最恰当的词语，准确地表达自己的思想感情。工作和生活节奏的加快要求人们必须做到言简意赅，才能提高工作效率；航空服务人员与旅客之间沟通交流的过程，既是情感交流的过程，也是信息传递的过程，要求服务人员说话要清楚、准确、简明、规范，再加上真诚的微笑，只有这样，才能对人际交往起到协调、润滑的作用。

读一读 ▼

良好的个人素质是乘务员必备的品质

　　某航班视频播放设备的声音控制系统出了一点问题，声音关小了就完全听不见，可是开大一点儿就很吵。

　　在飞机上播放安全须知的时候，一名旅客对着乘务员大喊："这么大声音，把它关了。"这名乘务员对旅客说："我们已经把声音调到最小了，等会儿放娱乐节目我们就把声音关了。"可是，这名旅客不依不饶，执意要求关掉声音，还质问乘务员："你们为什么不修理？"乘务长见状，从药箱中找出两个棉签，把棉花头拔下来放在手心里，又拿了两条小毛巾，走到这名旅客跟前说："先生，实在对不起，您经常坐飞机，可能不需要看安全须知了，可是飞机上还有初次坐飞机的旅客。这样吧，我给您拿了一副'耳塞'，请您选用。"这名旅客看了看棉花头，面露怀疑之色。乘务长便说："您如果担心'耳塞'太小，会掉进耳朵里，让我帮您用小毛巾把耳朵包起来吧。"这名旅客的伙伴看着他笑了："这样不就像两只大角了！"一句话让那名旅客也"扑哧"一下笑了，这时，安全须知已经快播完了。

　　其实，一个乘务长能做到和承诺的东西十分有限，但乘务长良好的个人素质已通过语言完全传达给了旅客，并且通过简单的几句话迅速抹去了旅客的不快。

三、口语交际是优质服务的体现

在航空服务工作中，我们会遇到形形色色的旅客。我们在为旅客提供服务的时候，除了需要相对应的专业技能以外，还需要很好的口语交际能力。良好的口语交际能力是民航从业人员应该具备的基本素养之一。

在口语交际过程中，语言的运用既体现服务人员个人的水准，又代表着航空公司和机场的精神面貌，甚至在一定程度上反映着整个中国民航业的发展状况。可以说，口语交际的成败，直接影响着民航服务的成败。因此，成功的口语交际是优质服务的一种体现。我们应该在日常的训练当中有意识地去锻炼自己口语交际的能力，提高自己的口语交际水平，在生活中不断积累经验，随时随地为将来步入民航岗位并为旅客提供优质服务做好准备。

任务三
掌握航空服务口语交际的要求和原则

一、口语交际的基本要求

（一）要有真情实感

在口语交际过程中要有真情实感。"感人心者，莫先乎情。""情自肺腑出，方能入肺腑。""通情才能达理。"在具体的服务过程中，航空服务人员讲话时一定要用真诚和真情去打动旅客，因为说话人的感情往往影响着听话人的理解和接受，进而影响说话的效果。

航空服务人员不能只依靠技能、技巧来服务，还应该对服务对象有真情实感，这样才能为航空公司留住旅客。

在航空服务工作中，航空服务人员面对的旅客来自天南海北，他们有着不同的背景和经历。他们聚集在客舱这个特

殊的空间里，会有各种不同的心理感受。一般来说，初次乘机的旅客希望得到乘务员不动声色的及时指点，以此来缓解紧张的情绪，消除茫然的感觉；生病的旅客需要特意的关照和问候，以此来缓解病痛和不安；无成人陪伴的儿童旅客需要更多的陪伴，以此来减少陌生环境中的孤独感；老年旅客需要及时的帮助，以此来避免手脚不便造成的困难和尴尬……乘务员要能够从旅客的言谈举止中敏锐地察觉到不同旅客的困难和需求，及时提供细心、周到、有针对性的服务，从而使服务工作达到令人"动心"的效果。

（二）要恰到好处

服务的过程，也就是满足旅客需求并与旅客进行顺利沟通的过程，不是演讲也不是讲课。在服务中，航空服务人员只要能清楚、亲切、准确地表达自己的意思就可以了，不宜说过多的话，而要让旅客多说话，让他们能在这里得到尊重，得到放松，释放自己的心理压力，尽可能表达自己的意愿。无论旅客说什么，航空服务人员的言语都必须做到恰到好处。

读一读 ▼

当遇到"不小心"时，该怎么处理

一次，一名年轻的乘务员不小心把水洒在了旅客的身上，旅客的脸色马上变得阴沉。这名乘务员很慌张，想给旅客擦拭一下，又唯恐遭到旅客呵斥，思来想去，最后只是干巴巴地道歉："先生，对不起。"结果旅客更加生气了。另外一名乘务员看到后，马上过来俯身说："先生，真对不起，把您的衣服弄脏了，都是我们工作的失误，我先帮您擦一下可以吗？"之后，她回头对那名年轻的乘务员说："你去帮我拿块热毛巾，好吗？"年轻的乘务员如释重负地转身离去。这时旅客的脸色略微好转，毕竟他不能对着一个代人受过的乘务员发脾气，他明白眼前这个乘务员并无过错，而是要替她的同事解决问题。乘务长得知此事后，在该旅客下飞机时没有像从前一样只是道别，而是鞠躬说："很抱歉，今天给您添麻烦了。"旅客笑着说："没事，已经擦干净了，谢谢。"一件看上去很棘手的事情，就这样圆满解决了。

（三）有声服务

在口语交际中，有声语言起主要作用，体态语言起辅助作用。

飞机作为一种快捷、安全的交通工具，已被越来越多的人接受，而旅客也对现在的航空服务提出了越来越高的要求。航空服务人员在服务过程中既要有问候，又要有手势，还要有语言的配合，并且要讲求语言的技巧。针对不同的服务对象和不同的服务环境，航空服务人员的声音既不能太大，也不能太小，态度要温和，口气要热情。

语言是人们沟通的桥梁，是人与人之间心灵的表达，温馨和蔼的语言会给人以亲切感。航空服务人员面对旅客，最好能做到"有声服务"，多询问，多与旅客交流，多交代一下注意事项，多说些温情体贴的话，这样才会获得旅客的认同。

读一读 ▼

心贴心，我们是一家人

飞机起飞后不久，一名旅客焦急的神情引起了乘务员的注意。原来这名旅客有一张 8000 余元的兑换券，过两天就到期了，可是他出门的时候没有把它留在家里，不知该怎么办才好。看到旅客焦急的神情，乘务员说："您不用担心，请将兑换券交给我吧，今天一定能交到您家人的手中。"乘务员给他看了证件并留下了联系方式，同时记下他家的地址并一再请他放心。完成飞行任务回到当地已经是晚上 9 点了，该乘务员到市区下了班车，就打车直奔那名旅客家。旅客的妻子打开门看见急匆匆赶来的乘务员时，一脸惊讶和感激。她说："下午接到丈夫的电话了，不过我不太确定你能连夜送过来。"说着就拿出 500 元钱表示谢意，乘务员婉言谢绝了。

（四）轻声服务

现代服务讲究轻声细语，为旅客创造一片宁静的天地，不能人为地增加嘈杂的声音，影响到旅客。乘坐飞机出行的价格一般要高于火车和客运汽车等交通工具，飞机具有便捷性和舒适性的特点，所以我们的服务也应该体现出优质性。航空服务中有三轻：说话轻、走路轻、操作轻。

读一读 ▼

语言是走进人心里的一把钥匙

一次，在某航班上，一名旅客在等洗手间的时候，坐到了乘务员的位置上。一名乘务员笑容满面地走过来，弯下腰，轻轻地在旅客旁边说："这个位置是专供乘务员坐的，因为这个地方靠近紧急出口。"

乘务员的话语温文尔雅又诚恳沉稳，由于沟通得体，不仅没有使旅客尴尬，反而使其心悦诚服地起身离开了。

二、口语交际的原则

（一）目的明确

口语表达的根本目的在于使听者感知和理解说话者要表达的是什么思想内容，进而实现交际的目的。因此，怎样赢得听者的理解和认同，是说话者在每一次口语表达前必须认真考虑的首要问题。口语表达并不是单纯的"说出来就可以"的问题，而是一个"怎么说才可以"的问题。

人们说话都是为了达到某种目的，是有意识的行为。不管是谁说话，也不管是说给谁听，所说的内容都是有明确目的的。为了达到这种目的，人们会选择"说什么"和"怎么说"。所以，口语表达者在说话时要有目的意识，使所说的话服从并服务于主旨的需要。

（二）真诚、坦率、信心

良好的态度是交谈顺利进行的前提。社交中的交谈首先要求真诚。真诚是做人的美德，也是交谈要遵循的原则。交谈是两个人之间的事，只有发自肺腑的语言才能触动别人的心弦。尤其在航空服务中，更要保持真诚礼貌的态度。试想：在交谈中，面对别人的咨询，你只是随便应付几句，对方心里能舒畅吗？这样的交谈很可能会让对方觉得你并不尊重他。只有用自己的真情激起对方感情的共鸣，交谈才能取得满意的效果。保持平和的情绪与心态很重要。即使对方情绪激动，我们也应该保持平和的心态，这是一个合格的服务者所应具备的素质。

交谈双方还要态度坦率。只有做到坦率，才能有融洽的交谈环境，才能奠定交谈成功的基础。坦率是认真对待交谈的重要表现，要坦诚相见，直抒胸臆，不躲不藏，明明白白地表达各自的观点和看法。航空服务人员在遇到自己不知、不懂、不会的问题时，回避、默不作声、牵强附会、不懂装懂的做法均不可取。"金无足赤，人无完人。"服务工作中出现失误是在所难免的，要勇于认错，知错就改。一旦发现自己的言语伤害到了他人，千万不要因为爱面子而不肯道歉。每个人都会说错话，当察觉自己说了不该说的话后，应该马上设法更正。要留意他人的言语或其他方面的反应，借以判断自己所说的话是否恰当。如果确实说错话了，就必须立刻道歉，勇于承认错误，不要找借口，以免越描越黑。能做到诚恳坦率地承认自己的不足之处，反倒会赢得服务对象的信任和好感。

交谈者要有足够的信心，表情要自然，语气要平和可亲。交谈往往能体现交谈者的知识、修养、口才和风度，这就需要交谈者拥有足够的信心。一直保持信心不是件容易的事，但信心对引导对方与自己进行开诚布公的对话很有帮助。准备得越充分，信心就会越充足。

（三）互相尊重

尊重是人际交往的大前提。尊重意味着无论是面对同事、领导，还是面对服务对象，我们都要把对方当作平等的交流对象，要学会在心理上、用词上、语调上体现出对对方的尊重。要尽量使用礼貌用语，谈到自己时要谦虚，谈到对方时要尊重。恰当地运用敬语和谦辞，可以显示个人的修养、风度和礼貌，切不可盛气凌人、自以为是、唯我独尊。

航空服务行业的从业人员应该充分发挥"两只耳朵一张嘴"的功能，多听少说。

因工作需要或条件限制而需要拒绝旅客时，也要尊重旅客，尽量用委婉的表达方式，不使用命令式的语气与旅客

交流。直接使用否定词句会让旅客感到难堪，从而导致旅客心情不愉快。可以使用以下句式。

询问式："请问……可以吗？"

请求式："请您协助……"

商量式："您看……可以吗？"

解释式："您好！这里是……"

小贴士▼

▶ 尊重三原则

尊重旅客的人格。

尊重旅客的秘密，就是尊重旅客的隐私权。

回避旅客的忌讳，即不要说触犯旅客禁忌的话。

（四）三思而后言

在与人沟通的过程中，有时会因为一句话而引起他人的不悦，甚至导致沟通失败，所以要避免说错话。因此，说话一定要经过思考。最好的方法就是三思而后言，在说任何话之前，都该先想想自己想说什么、该说什么，以避免自己的言辞对别人造成伤害。在说话前，先想想"如果别人对我这样说，我会有何感想？""我的批评是有害的，还是有益的？"。在很多情况下，如果能多花一些时间，设身处地为他人着想，就不会因说错话而引起他人的不悦了。

读一读▼

以情动人　以"礼"服人

在某次航班上，有一名旅客入座后对乘务员很友善，不时和乘务员开玩笑。起飞后，这名旅客一直在睡觉，乘务员忙碌着为机上的旅客提供餐饮服务。2 小时后，这名旅客忽然怒气冲冲地走到服务台，大发雷霆，对乘务员说道："2 小时的空中旅行时间里，你们竟然不为我提供任何服务，甚至连一杯水都没有！"说完就返回座位了。旅客突如其来的愤怒使乘务员们很吃惊。负责该区域的乘务员很委屈地说：

"乘务长，他一直在睡觉，我不便打扰他呀！"说完立即端了杯水送过去，却被那名旅客拒绝了；接着她又送去一盘点心，旅客仍然不予理睬。

飞机即将进入下降阶段，不能让那名旅客带着怒气下飞机。乘务长灵机一动，和负责那个区域的乘务员制作了一个代表难过表情的水果拼盘，端到那名旅客的面前，慢慢蹲下来轻声说道："先生，我非常难过！"那名旅客看到水果拼盘很吃惊："真的吗？为什么难过呀？""其实在航班中我们一直都在关注您。起飞后，您就睡觉了，我们为您盖上了毛毯，关闭了通风口。后来我发现您把毛毯拿开了，继续在闭目休息。"乘务长回答。旅客情绪开始缓和，并微笑着说道："是的！你们如此真诚，我误解你们了，或许你们很难意识到我到底是睡着了还是闭目休息，我为我的粗鲁向你们道歉，请原谅！"说完，他把那片表示难过的西红柿片旋转了180度，水果拼盘立即呈现为一个笑脸。

（五）用语要规范

航空服务工作有着非常严格的服务程序与规范，每一名服务人员都必须严格遵守和执行，并且要通过沟通交流使旅客了解并理解服务人员的服务内容，以确保及时满足旅客的需求。

鉴于航空服务工作的特点和性质，服务用语要规范、准确、亲切、简洁。例如："欢迎您乘坐本次航班！""请问您想喝点什么？""让您久等了！""您脸色不太好。请问是哪儿不舒服吗？""谢谢您对我们的服务提出的宝贵意见，我一定把您的意见反馈给公司。"规范的语言是航空服务人员提供优质服务的重要部分，可以大大提高旅客的满意度。

思考与练习

一、思考与训练

1.怎样看待"素质"，怎样在行为中体现自身的素质？

提示：素质是一个人的言谈举止、人格魅力的整体体现。要提高自身的素质，首先要多学习，多积累文化知识，培养自己的公德心。习惯造就性格，当高素质成为一种习惯，就会自然而然地表现出来。

2.怎样理解与人沟通的能力和学习的能力？

提示：与人沟通就是要找到人与人思想上的共同点，在这一前提下消除障碍达成共识。学习是辩证地吸收正确知识或观念的途径。与人沟通的能力和学习的能力相辅相成。

3.谈谈航空服务质量与航空公司效益的关系。

提示：质量与效益是成正比的，一个航空公司的服务质量越高，该公司就越受旅客欢迎，它的效益自然就越好。

二、案例分析

旅客登机完毕，我走进客舱正在协助旅客就座。这时候，一个声音突然在我背后响起："乘务长，我是你们航空公司的金卡会员，今天飞机延误了足足三小时，你们居然没有任何服务安排，连椅子都不够。我很不满意，我要求你给我升舱，从经济舱升到头等舱！"

我来处理：

_____

_____

_____

_____

这样做也不错：

作为一名乘务长，我没有权利让任何一名经济舱旅客免费升至头等舱，对他的要求，我几乎无计可施。这名旅客还在不停地抱怨。我一直在旁边认真地听，不时点头表示同情他的遭遇，直到他讲完，才对他说："先生，对于我们在飞机延误时不尽如人意的服务，我表示诚挚的歉意，并愿意尽力改正。现在，我还不能确定头等舱是否客满，所以没办法为您妥当安排，您看这样好不好，我帮您把座位换到经济舱的第一排，那里比较宽敞，现在我就帮您拿行李，好吗？"旅客欣然答应，并且没有提出任何其他要求。我帮他把行李放到经济舱的第一排，然后再次向他表达歉意。这件事我很快就忘记了。之后有一天，在与民航有关的某个网站上，我看到了他的感谢信，感谢我对他抱怨、牢骚和强硬态度的容忍，还感谢我非常尊重他，帮他调换了座位。他清楚地记得我的名字，而我只是耐心地听了他的抱怨，及时地对他提出的要求给予了答复，仅此而已。

项目二　打好航空服务口语交际基础

在航空服务中，口语交际是与旅客最为迅速、直接的一种沟通方式。因此在为旅客提供服务时，对服务人员的口语交际能力有着很高的要求。服务人员不仅可以通过恰当的表情、友善的态度、文明的用词、一定的交谈技巧来提高沟通的效率，还可以在与旅客真诚交流的过程中，用心听取旅客的意见，及时改进服务，营造安全、舒心的客舱氛围，从而提升旅客的乘机体验。

案例导入 ▶▶ 小李是一名刚入职的乘务员，一次在旅客登机时，他注意到一名旅客进入客舱后有些犹豫，于是走上前说："您好！请出示一下您的登机牌。"随后，小李用双手接过旅客的登机牌。这名旅客感到有些不耐烦，认为乘坐飞机多次检票很烦琐，表情有些不满。这时乘务长走了过来，进行询问："先生您好，请问需要我们帮您确认一下座位吗？"这名旅客听到后连连点头。

虽然小李和乘务长的目的相同，但沟通结果不同。由此可见，友善的态度和一定的交谈技巧可以帮助我们提高沟通的效率和服务的质量。

任务一
掌握称呼与敬语

如何开始一次口语交流？在通常情况下，我们应从称呼与敬语开始。称呼是指人们在日常交往的过程中使用的称谓语，也是人与人之间招呼对方，以表明相互关系的名称用语。作为两人之间交谈的铺垫，它就像一把打开话题的钥匙。敬语是对说话对象表示尊敬的用语。它不仅可以体现使用者的涵养、风度，而且可以对进一步的交谈起到催化、促进的作用。

小贴士 ▼

▶ 选择正确的称呼

在交流中，称呼的选择必须注意对象和情境，正确的称呼可以避免引起误会和尴尬，并显示出自己的礼貌和对对方的尊重。比如，在与女性旅客交谈中，称呼其"大姐""阿姨""大婶"等都是不恰当的，正确的称呼应为"女士"。

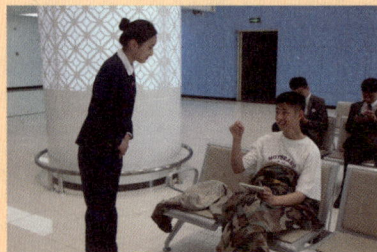

一、称呼的种类

比较典型的称呼分为尊称和泛称两种。

（一）尊称

尊称是指对别人尊敬的称呼。常用的尊称有以下几种。

人称尊称：通常有"您""贵（贵姓）"等。

按亲属尊称：面对非亲属的交际对象，以亲属称谓称呼，如"叔叔""阿姨""大妈""大爷"等，常用于非正式场合。对父母的同事、朋友，即使不比自己年龄大，也可以用长一辈的称呼，以示尊敬。

职业尊称：在较正式的场合，往往习惯于用职业尊称，以示对对方职业的尊重，如"老师"等，也可以在尊称前冠之以姓。

职务尊称：无论在正式还是非正式场合，人们都可以使用职务尊称，如"董事长""主任""处长"等，往往前面还要冠之以姓，以示说话人对交际对象地位的熟知和尊重。

（二）泛称

泛称是不区分交际对象的职务、职业等而被广泛使用的一种称呼。常用的泛称有以下几种。

通称：如"师傅""先生""女士""同志"等，又如在学校，学生间互称"同学"，这样既严肃又礼貌。

姓称：即以姓相称，并在姓前加上"老""小"等，如"老王""老李"等被用在非正式场合称呼比较熟悉的姓王和姓李的同辈人，又如"小黄""小赵"等可用于称呼姓黄或姓赵的小字辈人，以示随意亲切。

读一读 ▼

新员工该如何称呼同事

小王刚入职某机场做安检工作，部门领导带她熟悉周围环境，并将她介绍给部门的老同事认识。她非常礼貌地称对方为"某哥""某姐"，大多数同事欣然接受了。领导给她安排了一位同事帮助她学习安检岗位的相关知识，小王恭敬地称对方为

"老师"。这位同事连忙摇头说："大家都是同事，别这么客气，直接叫我名字就行了。"小王仔细想了想，觉得叫老师显得太生疏，但是直接叫名字又显得不尊敬对方，不知道该怎么称呼对方比较合适。

同学们能给她出出主意吗？

新员工在刚入职时，可以根据对方的职务进行称呼，不宜使用过于亲昵的称呼。对于难以把握的称呼，可以先询问对方的意见，比如："请问该怎么称呼您？"对方通常会告诉你如何称呼。案例中，小王作为一名新人，最好不要直呼对方的姓名，可以礼貌地询问对方。通过称呼调整社交距离，做有礼貌的员工是职业发展的基本功。

二、敬语的使用

作为航空服务人员，敬语的使用也是展示个人素养与职业道德的基本要素之一。使用敬语，既是尊重别人，也是尊重自己。

小贴士▼

▶ **使用敬语的注意事项**

在使用敬语时，一定要注意对象、范围和功效，要根据不同的情境，针对不同的对象灵活使用；既要彬彬有礼，又要不落俗套，这样才能营造亲切友好的气氛。

三、航空服务各流程敬语使用规范

（一）迎客期间

1. 欢迎

· 您好，欢迎您乘坐 × × 航班！

· 晚上好！请您出示登机牌。

2. 座位

· 您好，请从这边通道往前走。

· 您好，座位排号在行李架上方。

· 先生／女士，打扰了，为了保证飞机起飞和落地时配载平衡，我们飞机的配载经过了精确的计算。为了保证您和大家的安全，请不要在起飞和落地前更换座位。如您需要调换座位，可以在飞机平飞后调换，谢谢！

3. 行李

· 客舱前部／后部行李架还有位置，我帮您放到 ×× 排行李架内可以吗？

· 您的行李放置在 ×× 排行李架内，下机时请注意拿取。

· 小件行李可以放置于您前方的座椅下面。

· 先生／女士，很抱歉，麻烦您侧身放置行李，以方便后面的旅客及时通过，谢谢！

·（尝试搬起行李箱，却无法搬动后）很抱歉，能麻烦您搭把手帮我抬一下行李箱吗？谢谢！

· 您的行李太大了，行李架里放不下，我帮您办理托运，可以吗？

4. 毛毯／枕头服务

· 请稍等，我去给您拿毛毯／枕头，稍后给您送过来。

· 很抱歉，由于今天的特殊旅客较多，毛毯／枕头已经发完了，我们马上去把客舱温度调高，几分钟后温度就会上升。需要帮您关闭通风口吗？

· 很抱歉先生／女士，我们今天的枕头配备有限，现在已经发完了，我这儿有一床毛毯，我帮您折叠一下，也可以当枕头使用 。

5. 起飞前的安全检查

· 请系好安全带，将座椅靠背调直。

· 请把遮光板打开，谢谢。

· 先生／女士，我们的飞机马上就要起飞了，为了您的安全，在飞行关键阶段请您取下耳机，并再次确认关闭手机电源，谢谢！

· 先生／女士，飞机正在滑行，我知道这个电话对您非常重要，但为了飞行安全，请关闭您的手机电源。

· 先生／女士，飞机马上就要起飞了，我帮您把小屏幕收起来，好吗？

（二）餐饮服务

1. 发放餐食

·这是今天航班的餐谱，在今天的航班上，我们为您准备了 × × 饭和 × × 面，您看您喜欢哪一种？

·您可以先看一下菜单，稍后我会为您点餐。

·我们为您准备了海鲜炒饭和鸡肉炒面，今天的鸡肉炒面做得不错，您是否愿意试一试？

·好的， × 先生 / 女士，待飞机平飞后我们将及时为您提供餐食，祝您旅途愉快。

·先生 / 女士，今天为您准备了1顿正餐和1顿早餐，您看什么时候用餐？正餐在北京时间 12 点左右提供，可以吗？

·先生 / 女士，现在是 12 点了，请问可以为您开餐吗？

·这是您的餐食，小心烫。祝您用餐愉快。

·（旅客想再要一份餐食的时候）好的，我去帮您看一下，如果有马上帮您拿过来。

·我们今天为您准备的餐食还可口吗？您还需要再加些面包吗？

·请问今天的餐食还可口吗？现在帮您收走空餐盘好吗？

2. 饮料服务

·我们今天提供的冷饮有 × ×，热饮有 × ×，您喜欢哪一种呢？

·您喜欢淡茶还是浓茶？

·茶水好像凉了，让我为您换一杯新沏的吧。

·这是您的咖啡 / 茶 / 热水，小心烫，请拿好。

·我帮您把饮料放在小桌板上吧，以免洒在电脑上。

·刚才您在休息，我没有打扰您，请问您要喝点什么吗？

3. 特殊情况

（1）餐食 / 饮料漏发

·先生 / 女士，很抱歉，我们今天的餐食种类有 × × 饭和 × × 面 / 我们今天的饮料配备了 × × 和 × ×，请问您喜欢哪一种？我马上给您送过来！

·因为我们的工作失误给您造成不便，再次向您致歉，希望能得到您的谅解。如果您在旅途中有任何需要，请随时联系我。

（2）餐食 / 饮料中有异物

·先生 / 女士，很抱歉，我马上为您更换一份新的餐食 / 饮料。

·因为我们的餐饮配备问题给您造成了不便，再次向您致歉，希望能得到您的谅解。我们也会在航后将您的意见通过公司反馈给航食部门，在今后做出改善。

·非常感谢您提出的宝贵意见，也希望您在今后乘坐我们公司航班的时候，能够继续监督我们的餐食质量。

（3）某种餐食种类不够了，引起旅客不满

·先生 / 女士，很抱歉，由于今天配备的 × × 饭数量有限，已经发放完毕了，您看 × × 面怎么样呢？它是 × × 味的，味道也挺不错的，您可以尝试一下。

·如果 × × 面不合您的胃口，今天航班上还有备份的 × × 餐，您看需要尝试一下吗？

（4）旅客需要某种饮料，但机上未配备

·先生 / 女士，很抱歉，我们的飞机上暂时还没有配备此种饮料，您看来一杯 × × 可以吗？跟您要的 × × 口味差不多。

（5）旅客希望将托盘餐具带下飞机

·先生 / 女士，很抱歉，我们的托盘餐具是要求回收的，希望您能理解，谢谢！

（6）在餐饮发放过程中，将油渍 / 饮料溅到旅客身上，引起旅客不满

·先生 / 女士，对不起，这是我的工作失误，我马上为您拿湿毛巾 / 纸巾擦拭。

·您需要去卫生间清理一下吗？我带您过去。

·十分抱歉，由于我的工作失误给您造成了困扰，希望能得到您的谅解。您在飞行过程中有任何需要，请随时告诉我。

（7）餐食已经发放完毕，而旅客希望多要一份餐食 / 婴儿餐食

·先生 / 女士，十分抱歉，由于今天的餐食是按照旅客数量配备的，餐食已经全部发完了。您看是否需要再添加一些饮料？

·您下次可以在航班起飞前 24 小时电话预订婴儿餐，如果没有预订，航班上的餐食将根据占座旅客的人数配备，希望能得到您的理解，谢谢。

（8）旅客睡醒后不满意只有一种餐食

·先生 / 女士，很抱歉，因为您之前在休息，我们没有打扰您。然而由于其他旅客对 ×× 饭的需求较多，×× 饭已经发完了，所以只为您预留了一份 ×× 面，味道还不错，您看可以尝试一下吗？

（9）旅客用餐时不希望调直座椅靠背

·先生 / 女士，很抱歉打扰您休息，由于您身后的旅客需要用餐，您放低座椅靠背，座椅背后的小桌板无法放平，后面的旅客就无法正常用餐了，希望能得到您的理解。待用餐完毕后，您可以放低靠背，感谢您的配合！

（10）在乘务员发放餐食 / 饮料的时候，旅客需要饮料 / 餐食

·先生 / 女士，请稍候，我们正在发放餐食 / 饮料，待餐食 / 饮料发放完毕后，将马上为您提供饮料 / 餐食，感谢您的理解。

（11）餐车 / 水车推拉时不慎撞伤旅客或热饮烫伤旅客，引起旅客投诉

·先生 / 女士，很抱歉，因为我的工作失误给您造成了不便，请让我看看您的伤势严重吗？

·我马上为您提供一些冰块，您冰敷一下，看看能不能舒服一点。

·您在飞行过程中有任何需要，请随时告诉我。

·先生 / 女士，很抱歉，因为我们乘务员的工作失误给您造成困扰，先向您诚挚道歉。我们也会在航后及时向公司报告，后续将进行事件调查，严肃处理。

（三）巡航阶段娱乐设备

·先生 / 女士，您现在可以使用娱乐设备了，如有疑问，请随时联系我，我将非常高兴为您提供帮助。

·飞机上的音频系统有多个频道，可以播放民歌、古典音乐、流行音乐和中国戏剧，您可以选择您喜欢的频道。

·耳机插孔在座椅扶手上，选择频道后，您就能听到自己喜欢的音乐节目了。

特殊情况：

·（旅客对客舱娱乐节目内容不满意时）先生 / 女士，很抱歉，因为娱乐节目已经播放了一段时间，其他旅客正在观看，不便重新播放，现在的节目播放完毕后，可以播放您喜欢的娱乐节目。

·（旅客觉得音量不合适时）先生／女士，很抱歉，我们马上将音量调高／调低。

·（调节音量后）先生／女士，您觉得现在的音量合适吗？如果您觉得音量太高影响休息／音量太低听不清楚，我们可以为您单独提供一副耳机。

（四）航班延误／更换／取消

1. 旅客因航班延误进行询问

·先生／女士，很抱歉，今天由于××××的原因，造成航班延误，耽误了您的行程，我代表公司／机场／全体工作人员再次向您表示歉意，机长正在积极跟塔台沟通，一有消息我们马上通知您。请您不要着急，在座位上休息一会儿，有任何需要随时与我们乘务员联系，我们很乐意为您服务。

·先生／女士，很抱歉，您可以将您后续航班的航班号、起飞时间提供给我，我们将通过机组及时将信息反馈给地勤人员，看看能否在到达站为您提供相关协助。

·飞机下降前，我们为您调换一个靠前的座位，以便您优先下机，缩短过站时间。

·为了飞行安全，飞机需要除冰，请您稍等一会儿，得到最新消息我们立即通知您。请问您需要喝杯饮料吗？

·我们正在等待部分转机旅客，得到最新消息我们立即通知您。

·您好！我们的飞机有些小故障，正在维修排除，还需要等待大约××分钟。您还需要喝些饮料吗？

·我们的飞机虽然关门了，但这时候起飞的飞机比较多，我们还需要等待塔台部门的指挥。

·现在航路天气不是很好，我们的飞机不能起飞／还要等待大约××分钟才能起飞，乘务组会将有关信息及时广播通知您。如果您有什么需求，我们会尽力帮您解决。

·当接到天气好转的信息时，我们会尽快申请排队，争取能够尽快起飞。

·您好！我们正在等待起飞的命令，现在飞机排在第三位，请您在座位上休息等候。

·您好！由于空中交通管制，我们的飞机还要等待一段时间。这是最新的报纸和杂志，请问您需要吗？

·由于临时增加旅客，我们现在需要加餐，因此还需要等待 × × 分钟。

·您好！请您耐心等待一些时间，现在我们将为您提供餐食和饮料服务，如果您还有什么需求，请随时告诉我们。

2. 下客

·由于机械故障无法排除，我们需要换乘另外一架飞机，请您下机时带好随身物品。

·如果您想取消今天的航班，我们会通知地勤人员，帮助您办理相关手续。

·由于 × × 机场天气不好，机场已经关闭，为了大家的安全，机长决定取消今天的航班。

·由于 × × 机场天气暂时不能好转，我们还需要等待较长的时间，请您带好所有物品到候机室休息等候，地勤人员会随时将最新消息广播通知您。

·由于个别旅客临时决定取消行程，为了安全，我们不得不进行局部清舱，请您带好随身行李，暂时下机等候。对此带来的不便我们深表歉意并感谢您的理解与支持。

（五）送客期间

·飞机还在滑行，为了您的安全，请在座位上坐好。

·各位旅客请别着急，您有足够的时间整理您的物品。

·飞机完全停稳以前，请不要离开座位。

·请在这里稍候，等到廊桥接好后您才能下机。

·到达地面后，请您乘坐摆渡车，它将直接把您送到进港大厅。

·请您小心台阶 / 小心地滑。

·感谢您乘坐 × × 航空公司的航班，希望有幸再次为您服务。

·下机时请携带好您的手提行李和其他私人物品。

·外面天气冷，请添加随身携带的衣服，以免感冒。

特殊情况：

1. 飞机对接客梯车，联程旅客表示不满，不想将行李带下飞机

·先生 / 女士，很抱歉，根据安全规定，为了保证全体旅客的安全，我们在旅客下机后将对飞机进行清舱，这期间不允许有外来物品放置在飞机上，请您理解并配合我们的工作，谢谢！

2. 联程旅客询问下段航班何时起飞，或等待多久可以再次登机

· 先生 / 女士，我们下个航班的计划起飞时间为 × 点 × 分，过站期间请您不要走远，注意听广播上飞机。

3. 旅客反映航程颠簸严重 / 重着陆，因此抱怨驾驶技术，认为乘机体验差

· 先生 / 女士，今天 × × 机场的航路天气不稳定，造成飞机颠簸 / 着陆较重。我们的机长来自各大航空公司，飞行员都是经过严格训练的，有着丰富的飞行经验，确定能保证您的安全，请您放心。

4. 摆渡车迟迟未到，旅客长时间等待，情绪焦躁

· 先生 / 女士，现在 × × 机场航班量大，摆渡车比较繁忙，您可以在座位上稍微休息一会儿，等摆渡车到位后，我马上通知您下机。

5. 个别机场无头等舱小车保障，或小车繁忙无法及时到达

· 先生 / 女士，很抱歉，由于 × × 机场暂时没有办法保障我们的头等舱旅客用车，为了保证您及时下机，您可以乘坐大摆渡车前往候机楼。对此造成的不便敬请谅解，我们也会在航后及时向公司反馈相关问题，谢谢您的理解与配合。

（六）物品遗失

1. 旅客提出物品在机上遗失

· 先生 / 女士，请问您能确定是在飞机上哪个地方遗失的吗？请告知我遗失物品的形状、颜色、特征，我们马上帮您找一下。（必要时可广播寻找失物）

·（如果没找到）先生 / 女士，我们已经记录了您遗失物品的相关信息，请您给我们留一个联系方式，如果后续找到了，我们会及时通知您。

2. 旅客提出物品在机舱外部遗失

· 先生 / 女士，请问您能确定物品具体是在候机楼哪个地方遗失的吗？我们马上联系地勤人员，看看能不能帮您找到。

·（飞机即将关门或已经关门）先生 / 女士，由于我们的航班即将 / 已经关闭舱门，我们将通知地勤人员帮您寻找遗失的物品，然后交到机场失物招领处。稍后我将机场失物招领处的电话提供给您，您可以跟他们联系一下，沟通后续的领取事宜。

任务二
掌握口语交际的内容与修饰

在服务交流的过程中，我们往往会为了达到令人满意的交流效果而不断开发新的令双方和谐愉快的话题和内容。这时，有效地修饰说话内容，恰当地表达说话内容，不仅会使服务人员表现出良好的道德，更能展示出服务人员的修养和风度。

一、内容

在社交场合，话题是核心，交谈总是围绕某个话题展开的。作为航空服务人员，在与服务对象交流时要善于寻找话题。选对了话题，交流就能顺利地进行。

（一）选择话题的技巧

生活是丰富多彩的。话题有很多种，但不是每个话题都适合在社交场合进行谈论。成功的交谈离不开好的话题。要想选择与场景、对象符合的恰当话题，需要掌握以下技巧。

第一，场景取材。在交谈时，根据当时的场景随机应变、就地取材，能挖掘出很多合适的话题。比如，对方的衣着、登机的时间等。宜选择轻松愉快的话题或是对方所擅长的话题。

在聆听中把握对方感兴趣的话题。留心聆听，发现对方的兴趣所在，多引导交流或请教一些对方感兴趣的内容。一方面，能让对方有被尊重和受重视的感觉；另一方面，能让对方感觉找到了知心朋友，产生共鸣，从而打开话匣子。

第二，选择生动有趣的话题。呆板、枯燥的语言只会让对方昏昏欲睡，失去聆听的兴致。平时可以留心一些有趣的、吸引人的话题，如最近发生了哪些趣事、经历了什么有意思的事情等。选择生动、有趣的话题，善于运用比喻、夸张的手法，可以将内容表达得更吸引人。

人们通常不会拒绝能使社交场合的氛围变得轻松、愉快，且趣味性强的话题。在这种氛围下，人们的交流与沟通会更融洽。

第三，多肯定对方。在交谈过程中，适当地赞美和肯定对方，流露出赞同和欣赏的态度，并辅以点头、微笑的动作，还可以经常使用"是的""对啊""没错""我也这样认为"等词句，以获得对方的信任，从而拉近双方的距离。

读一读 ▼

选择旅客感兴趣的话题

由于飞机延误，贵宾接待室内有一位旅客显得特别着急。小李为了安抚该旅客的情绪，主动上前为其倒了一杯水，说道："这位先生，实在不好意思，今天由于天气问题飞机延误了，为了您的安全，希望您能理解。"这时，小李看见旅客面前的计算机中正在运行一款软件，于是他灵机一动，和旅客聊起了这款软件，让旅客觉得和小李兴趣相投。时间很快就过去了，飞机来了，旅客很高兴地与小李道别。不难看出，学会选择话题是非常重要的。

（二）选择话题的注意事项

第一，在选择话题时，应尽量避开一些不宜在友好交谈中出现的事情，如政治见解与宗教信仰、国家机密与行业机密、庸俗低级的内容等。为避免尴尬，一般也不要涉及个人隐私等方面的内容，如"个人隐私五不问"，即不问收入、不问年纪、不问家事、不问健康、不问出身背景和经历。如果确要了解相关内容，也应委婉一些。

第二，在选择话题时，应尽量符合交谈双方的性别、年龄、职业、性格、心理等特点。男性和女性喜欢的东西一般不大相同，青少年和中年人感兴趣的话题也有差异。例如，与一个新潮的年轻人谈"时尚元素"之类的话题可能较为合适，但与一个因循守旧的人讨论这样的话题就不大合适了。

第三，在交谈中要体现较高的职业素养，要学会聆听，懂得礼让对方，这是一种表现平和与礼貌的做法，以便接下来能更好地引导旅客的情绪。

第四，在说话时一般不要使用对方不懂的语言。语言是一种情感信息，因此，应尽量使用与对方一致的语言进行交谈。如果对方讲普通话，就应使用普通话与之交谈。另外，应注意合理使用行业专业用语，其原则是"当用则用，尽量少用"。只讲行业专业用语，对方很可能完全听不懂；只讲非专业用语，又可能让旅客质疑自身的业务水平。适当得体地使用行业专业用语可以让旅客既听得懂，又对服务人员的业务水平表示信服。

二、修饰

（一）语言修饰的内容

同样的一句话，从不同人嘴里说出来，会具有不同的含义。其实，同一句话，即使是从同一个人嘴里说出来，效果也会不同，这就涉及语言修饰。语言修饰的内容包括两个方面。

第一，外部修饰。外部修饰主要包括音幅、音调、音质、面部表情等因素。只有在说话时做到音幅适中、音调平稳、音质柔和饱满、表情轻松自然，才能给人以客气、礼貌的感觉。

第二，内部修饰。语言的内部修饰主要指文明礼貌用语。在语言交流过程中，养成使用文明礼貌用语的习惯，不仅可以表现出良好的个人修养，还可以营造好的交流氛围，达到最好的交流效果。

小贴士 ▼

▶ **友好的谈话**

20世纪70年代，美国心理学家阿尔培特通过研究，给友好的谈话下了一个定义，确立了一个公式。他认为：友好的谈话 = 7% 的谈话内容 +38% 的声调 +55% 的表情。比如：你说"李先生，你说话很幽默"，再配合中肯的声调和信服的表情，这句话的可信度就可能很高；但如果你说完打了个哈欠，马上就会让这句话充满讽刺与挖苦的意味。从这个例子中，我们不难看出谈话中的副语言以及表情的重要性。

（二）语言修饰的基本要求

在航空服务活动中，谈话时要自觉遵守相关的规则和要求，要做到以礼待人、以情动人、以理服人。这是航空服务人员的基本职业道德。此外，还应对语言进行适当的修饰。语言修饰的基本要求有以下几个方面。

第一，态度诚恳。态度诚恳是交谈的基础，只有诚心待人，才能换取对方的信任和好感，才能为进一步的交谈营造融洽的氛围。交谈要做到文雅、真诚、坦率、讲实话。说话时应多用征求、探问、商讨的语气，避免质疑、纠正、冷嘲热讽，要让对方觉得你是有诚意地同他沟通思想、交流意见。在进行服务工作过程中要注意调整情绪、表情、动作，切忌在接待众多旅客或是被旅客追问的情况下，随意摆手，指指点点，面露不耐烦或语气尖锐。

第二，语言文明，亲切动听。当需要他人协助时，应尽可能地加上一个能体现尊敬之意的"请"字，如此才能显得彬彬有礼，进而才能获得他人对自己的友好与尊重。同时，还可以借助表情、动作等非语言因素使谈话显得更加亲切动听。初次见面或接待时，要面带笑意，微笑与礼貌用语相配合，会让人感到这确是亲切近人的由衷之言。当影响或妨碍他人时，应及时真诚地道歉。道歉时要郑重严肃，同时施鞠躬礼，以此让旅客感到诚意。

第三，神态专注。在交谈中，出于对他人的尊重，有必要对自己的神态加以约束，特别是注意自己的眼神和手势。在和别人说话时，不要一边说话，一边摆弄手指、修指甲、掏耳朵、伸懒腰、看手表等，这些都是带有明显不耐烦的意味的动作，是不礼貌的行为。在交谈时要排除干扰，神态专注，聚精会神。

任务三
观察与聆听

在人际交流的过程中，大家为了表达自己内心最真实的感受，往往会用动作、手势、眼神来加以辅助，让对方更直观地了解自己所说的内容。因此，用心观察和耐心聆听可以帮助我们达到更好的交流效果。

一、用心观察

在交流过程中，航空服务人员需要不断地观察旅客的交流状态，以及时把握服务对象的真实需要及内心的情感状况，达到交流的目的。在交流过程中，观察主要是为了及时了解和把握对方的体态语言，以从中获取无言的信息。

读一读▼

我想说点不一样的东西

一位 21 岁的小伙子在参加某大型企业领导的面试时，刚开始只是进行了一些简单的个人信息介绍。听了他的个人信息，领导没有太重视这样一位小伙子。但在这位小伙子介绍的结尾，他这样说道："在最后，我想说点不一样的东西。我注意到您办公室的墙面上挂着一张员工上下班车示意图，说明您平时对员工的生活是非常了解与重视的，这也说明我所面试的这家公司并不仅仅是为了赚钱。所以，我十分想加入你们的团队。"这位领导因为小伙子敏锐的观察力而选择录用他。

许多体态语有约定俗成的含义，航空服务人员在与旅客交流的过程中，要注意观察旅客的体态语言，以便及时了解旅客的需要与内心感受。

1.头部

在说话时，头部动作能表示不同的意思。

点头一般表示同意、赞成、肯定等意思。

摇头一般表示反对、否定、拒绝、不对等意思。

抬头一般表示希望、祈祷、祝愿、请求等意思，而猛一抬头则表示顿悟的意思。

低头一般表示谦虚、思索、内疚、委屈、羞怯、哀悼等意思。

向前伸头一般表示倾听、期望、同情、关心等意思。

向后仰头一般表示吃惊、恐惧、迟疑、退让等意思。

歪头一般表示怀疑、不相信等意思。

2. 眼神

眼睛是心灵的窗户，人们通过眼神，能传达内心的信息，表达丰富的情感。学会观察对方眼睛说话，掌握好眼神的运用技巧，能够实现更有效的沟通。

眼睛平视一般表示平和的意思。

眼睛仰视一般表示思索、期盼和向往的意思。

眼睛俯视一般表示谦卑、羞怯、胆小、含蓄的意思。

眼睛斜视一般表示反感、讨厌、轻蔑、鄙视、憎恶的意思。

眼睛圆睁一般表示吃惊、恐惧、气愤、兴奋的意思。

小贴士▼

> **▶ 观察与聆听比多说更有助于人际交流**

根据科学家的研究，我们每天花在沟通上的时间中，书写占比 13%，阅读占比 15%，说话占比 26%，而聆听的占比达到了 46%。[①]有人说，自然赋予人类一张嘴、两只耳朵，也就是要我们少说多听。

由此可见，在我们的生活中，学会观察与聆听往往比多说更有助于人际交流，因为观察与聆听可以帮助我们找到对方感兴趣的话题，也是说服对方的关键。

3. 面部表情

丰富的面部表情能辅助有声语言更好地传达说话者的意思。面部表情是由眉毛、嘴巴等的变化展现出来的。

---

① 刘建芳、李光彩：《职业汉语》，14 页，西安，西安电子科技大学出版社，2015。

眉毛舒展一般表示平静的意思。

眉毛上扬一般表示高兴、兴奋、喜悦的意思。

低眉一般表示顺从、思考的意思。

眉头紧皱一般表示忧郁、烦恼、痛苦、厌恶的意思。

竖立眉头一般表示愤怒的意思。

嘴巴自然闭上一般表示平静、自然的意思。

嘴巴半张一般表示吃惊、奇怪、有疑问的意思。

嘴巴张大一般表示难以置信的意思。

嘴角向上一般表示高兴、愉悦的意思。

嘴角向下一般表示烦恼、悲伤的意思。

嘴巴噘起一般表示生气、不满的意思。

嘴巴紧闭一般表示下定决心的意思。

微笑一般表示礼貌、友好的意思。

大笑一般表示高兴、兴奋、开心的意思。

狂笑一般表示极度高兴的意思。

害羞或激动时会涨红脸，愤怒时会脸色铁青、呼吸急促、青筋暴起。

4. 手势

人们在说话的时候，总会有意无意地使用手势来配合声音，以便更准确地传达自己的心意。常用的手势包括以下几种。

①紧握双手。如果对方开始紧握双手，表明其内心的焦虑和消极情绪开始蔓延。有时候我们会把紧握双手误解为自信，但事实上，真正内心自信的人很少会做这个动作。

②十指交叉。人们面带微笑地谈话时，会无意识地将十指交叉，或放在桌面，或抬到胸前，看起来很轻松。但手指交叉过紧，则表明这个人内心十分不安。

③双手平摊。人们说实话或心里话时，会将手掌张开显示给对方。同大多数肢体动作一样，这个动作可以是无意识的，也可以是故意为之。换言之，在同他人交谈时，如果你不时将双手伸出摊开，能让你显得更加诚实可靠。

④双臂合抱。双手往胸前一抱，就构成了一道阻拦威胁的屏障。因此，

当一个人紧张或充满敌意时，会很自然地将双手抱在胸前。这种姿势经常出现在陌生人之间，特别是会出现在令人没有安全感的场合。

二、耐心聆听

在语言交流的过程中，说话、听话具有互动性，密不可分。美国学者查理·维瓦尔的研究表明，人一天中有 40% 的时间是在聆听。[①]

说话是将语言信息有效地组织起来并输出的过程，而听话则是将语言信息收集起来并解码的过程。这两个过程共同构成语言交流，缺一不可。

在航空服务过程中，要获取旅客的真实信息和感受，就需要听清楚并理解谈话背后的真实意图。而聆听是服务人员所表现出来的非语言交流形式，它可以使旅客感受到尊重，从而愿意同服务人员建立良好的关系。

读一读 ▼

高效交流

2018 年 5 月 14 日，四川航空公司某航班在由重庆飞往拉萨的过程中，在 9800 米的高空突发紧急情况，飞机驾驶舱的风挡玻璃出现裂纹。机长急忙通过飞机应答机联系到区域管制员，在位的区域管制员在与机长不到 1 分钟的交流时间里迅速了解并掌握了关键信息。机长先告知管制员："我现在有点故障，申请下高度。"在接收到信息后，管制员马上回复机长："下高度到 8400 米。"机长回复称："我现在要申请返航，飞机的风挡裂了。"于是管制员又与机长核实："是否返航重庆？"机长说："备降成都。"随后，飞机风挡玻璃突然炸裂，航班彻底与地面失去联系。在这种紧急的情况下，管制员立刻进行了相关的信息报告，协同多部门进行应急处置，在航班失去联系的情况下，相关单位依然迅速完成了空中航空器的紧急避让，军事管制区域协调，成都机场的消防、安保、救护等单位就位工作。最终，航班平稳备降在成都机场。这段对话也成为电影《中国机长》中的台词。

---

① 刘晨红：《演讲与口才训练教程》，58 页，银川，阳光出版社，2011。

在聆听别人说话的过程中，要做到以下四点。

一要集中注意力。在别人说话时，应该停下手头的工作，集中精力去听说话的内容。专注的听能让说话者感受到诚意。

二要有耐心。听者需要耐心，当说话者的语言表达有所欠缺，或内容比较散乱时，听者应保证有足够的耐心继续往下听。就算对话题不感兴趣，不能接受说话者的观点，或者知道说话者接下来要说的内容，甚至不喜欢说话者，听者也应该保持耐心，继续听完。

三要与说话者产生互动。在听的过程中，要与说话者保持良好的互动。说话者在说的同时也需要接收听者的反馈信息。听者应该适时点头、微笑，用眼神或手势暗示自己正在认真听；必要时可以用"对""是""不错"等简短的语言给予说话者鼓励和支持，表示对说话者的理解并与其产生共鸣。在谈话告一段落的时候，听者可以把没听清的地方指出来，让说话者重复一下，或者将不明白的地方提出来，向说话者提问。

四要避免随意打断说话者。对于听的内容，听者要客观地去听，安静地去听，理解说话者想要表达的意思，不要随意打断。随意打断说话者的话语是很不礼貌的行为。听的时候，不要抢话，不要随意打岔或随便插话，不要改变话题，谈论自己所感兴趣的内容。

读一读 ▼

沟通时要先做好聆听者

　　小李是在登机口工作的地勤人员。一天，航班的流量管制导致飞机延误。在等待航班的旅客中，有一名旅客表现得异常激动，不断要求小李给出相应的解释，但小李一说到是因为流量管制，旅客就非常激动，连连说不懂什么管制，只要求飞机起飞。小李随即慌忙解释，飞机不是某个人同意就可以起飞的，结果招致旅客更大的不满。这时，小李的主任来到了现场，语气平和地询问旅客是否有要事在身，该旅客接连说到了工作的需要、公司的压力等问题。在认真听完旅客的讲述后，主任给出了一些建议，询问旅客是否可以采纳，以减少飞机延误导致

的损失。就这样，旅客在慢慢思索后逐渐恢复了平静。最后，主任才开始慢慢向旅客解释。

在航空服务工作中，许多旅客真正想要的往往不是我们有针对性地解释清楚飞机延误的原因，而是想让我们了解他们的时间真的很重要。在有了聆听者并宣泄情绪之后，他们自然而然就会恢复平静，配合我们的工作。

在聆听的过程中，应该注意以下几点。

第一，要听懂内容。口头表达不像书面语那样具有文字保留性特征，而是转瞬即逝。因此，要求快速、准确地理解说话者所讲的内容，听者要一边听，一边思考，弄清楚话语的含义。

第二，要抓住重点。在谈话告一段落后，要求能够概括列举出说话者话语中的要点、观点和一些重要信息。这些重点内容包括如下方面。

说话者谈论的事情有几件，最重要的事情是什么。

说话者提到了哪些重要的人，如果说到了名字，是否记得。

谈话中提到的重要的时间、地点和物件等。

第三，要听出弦外之音。有时候，说话者将不方便直接说出来的话用委婉、迂回的方式表达出来。听者要注意说话者是不是话里有话，有没有"潜台词"，并仔细揣摩话语中包含的言外之意。

沟通是信息交流的过程。在航空服务过程中，服务人员只有耐心聆听并听懂旅客所表达的意思，才能准确反馈，从而达到沟通的目的。

任务四
沟通与说服

　　航空服务中的沟通包含两个方面，一是指信息的传递，二是指感情的交流，二者是相辅相成的。同时，从服务效果的角度讲，沟通时不仅强调信息的传递和理解，更重要的是要得到好的结果。再好的沟通，如果没有得到好的结果，也是无效的。

一、沟通

读一读 ▼

恰当的语言

　　某航班延误了，旅客在地面等了几小时后，终于登机了。乘务员带着歉意向旅客问候道："您好，让您久等了。"这句问候语是存在问题的。第一，"您好"这个词出现在上面的语境里，容易让旅客感觉乘务员的问候是没有诚意的，是置身事外的程序化的问候；第二，"久"字的出现强化了旅客可能本已淡去的时间感，易让旅客将压抑较久的不满情绪借题发挥出来。在这样的场景中，怎样的问候语较适宜呢？我们在实际场景中做过尝试，使用"十分抱歉""谢谢您的等候""您辛苦啦""感谢您的乘坐""谢谢您的理解和支持"这样的问候语，旅客更能接受。对一些父母来说，他们感到不满的原因常常是觉得自己的孩子受苦了，所以此时将用词的关注重心放在孩子身上可能更好。除此之外，在回应旅客的需求时，多用些含有正面信息的词语，可能让旅客在拥有好的心理感受的同时对服务予以认同。例如，将"稍等"换为"马上就来"，"有事吗"换为"我能为您做点什么"，"您要哪种饭"换为"您喜欢什么口味"……字词方面的小改动可能会让旅客的服务满意程度大幅提升。

　　对旅客调查的结果表明：文明礼貌、真挚和善的语言能让旅客产生发自内心的好感；明确简洁、适当中肯的语言能增强旅客的信任感；适应对象、灵活多变的语言能给旅客以亲切感，使旅客获得心理上的满足。客舱语言作为一种特殊的行业用语，体现出以下特点。

一是准确性。飞机作为交通工具，其安全性一直是旅客最为关心的问题，航空服务人员在解答旅客疑问和办理业务时，语言必须精简、准确、自信，以体现自身的专业性与回答的可靠性。

二是灵活性。在保证服务一致性的过程中，航空服务人员应具有灵活性和创造性；应与旅客保持良好的关系，不要只是机械地做事。这里有一个如何保持两者间平衡的问题。例如，在乘务员为旅客提供服务时，一位旅客要求吃素食，怎样去解决这一问题呢？我们可以把各式各样的蔬菜、水果或是机上的点心、面包搭配在一起，供旅客选择。如果不知道变通地直接告诉旅客"我们没有准备这种食物"，就会使旅客感到失望。

三是生动性。乘务员要用具有活力的语言去打动旅客，从而引起旅客的共鸣，对旅客所作的一些关于景点、名胜古迹的介绍更应如此。试举一例，对"川剧"可以这样介绍：四川，古称华阳，又名巴蜀，其民风淳朴，物阜民安，被誉为"天府之国"。俗话说："奇山奇水有奇杰。"四川这块沃土不仅涌现出了无数雄才大略的政治家、军事家和一大批卓越的才士，还造就了一批优秀的表演艺术家；不仅磨砺出了无数宏伟的诗篇佳作，同时也孕育出了一种独具特色的戏曲艺术形式——川剧。川剧，这个被誉为"天府之花"的戏曲剧种，以它丰富的剧目、多样的声腔、独特的表演，在中国戏剧舞台上独树一帜，成为巴蜀之地的又一骄傲。

四是亲切性。鉴于航空服务工作的特点和性质，服务用语要亲切、简洁。例如："欢迎您乘坐本次航班！""请问您想喝点什么？""让您久等了。""您的脸色不太好，请问您有哪儿不舒服吗？""谢谢您对我们的服务提出的宝贵意见，我一定把您的意见反馈给公司。"亲切简洁的话语可以大大提高旅客的满意度。

五是委婉性。航空服务沟通讲究艺术的说话方式。在与旅客对话时，一般情况下要采用询问式、请求式、商量式、解释式等恰当的说话方式。因工作需要或条件限制而需要拒绝旅客时，也要尽量用委婉的表达方式，不允许使用命令式的语气与旅客交流。

另外，在语言沟通过程中要尽量做到以下几点。

第一，言而有礼。这是在交谈中需要做好的第一步。任何人都希望能和彬彬有礼的人交流。谦逊的态度、友好的语气可以为交谈营造和谐、愉快的氛围，在"您好""请""对不起""打搅了""再见"等一些非常简单的礼貌用语的细节上千万不能忽视，它们也许能在交流过程中帮助我们提高自己的印象分。

第二，言而有序。言而有序，主要强调的是谈话的层次，即交谈要有逻辑性。这一点在工作中尤为重要。我们不难发现，身边被公认为干练的同事或者领导，他们在与人交谈时通常思路清晰、言而有序、表达得体明确。要知道，在服务工作中，口头表达能力能反映一个人的能力水平。说话没有重点、语言支离破碎、想到哪儿说到哪儿，只会让人觉得这个人说话杂乱无章、思路混乱。所以，交谈时要想好先讲什么，后讲什么，思路要清晰，内容要有条理，布局要合理。

第三，言而有信。自古以来，诚信一直是被人们赞赏和推崇的品格。大到企业，小到个人，诚信都是安身立命之本。尤其是在职场上，一个言出必行、说到做到的人总能得到更多人的欣赏与信任。同样，在与人的交谈中，真诚、谦逊、踏实的语言也会增强他人的信服感。在言而有信方面，要把握好三点：一是出言要慎，二是努力信守，三是讲究道德。一件自己没有把握做到的事情，怎么能信誓旦旦地许下承诺呢？不做没有把握的事情，不做没有把握的承诺，也是讲求诚信的重要表现。

二、说服

每个人都是独立的个体，对每件事情的看法也会有差异，即使是志同道合的挚友，也不可能做到事事认识、见解永远完全一致。在一些情况下，若要取得一致，就要努力说服对方。能够有效地说服别人，也是航空服务工作的重要组成部分。

读一读 ▼

怎样说服别人

有一天，北风与太阳为了谁的力量大而争论不休。它们决定，谁能让行人脱下衣服，谁就胜利。

北风一开始就猛烈地刮，路上的行人都裹紧了自己的衣服。北风见状，刮得更猛了；行人冷得发抖，便添加更多的衣服。北风疲倦了，便让位给太阳。

太阳只是缓缓地发热，将温和的阳光洒向行人。行人感到暖洋洋的，便脱掉了厚厚的衣服。

由此类推，如果要说服一个人，先要了解他的想法，然后引导对方将你希望的结果和他自己的想法挂钩。这样的说服往往能让对方感到舒适并心甘情愿地接受。

（一）说服的原则

1. 尊重对方，建立信任

在日常工作中，我们和对方的意见不合时，切莫表现出敌意。无论是表情，还是行动、说话，都应努力表现出尊重对方。只有取得了对方的信任，说服才能有效地进行下去。说服是平等交流的语言艺术，如果用盛气凌人、居高临下的态度，谁也不能接受。如果不尊重对方，这样的说服只能招来逆反情绪，不可能使意见达成一致。只有尊重对方，建立起信任的关系，才能得到别人的接纳与认同，从而为说服打下良好的基础。

2. 坚持双赢

说服别人接受我们的观点，必然会使对方放弃原先所坚持的原则和看法。而在大多数时候，对方不愿意接受我们的观点的原因是感受到了改变与被迫。因此，在说服的过程中要坚持双赢的原则，让对方感到接受了我们的观点也能给他带来利益，而非因为改变而有所损失。我们要让对方认识到，双方都是为着同一个目标而努力，只是在方式和方法上有所区别。

3. 心平气和，不要急于求成

"心急吃不了热豆腐。"说服别人转变思想、接受不同的观点不是一件简单的事情。在说服的过程中，由于意见不统一，可能会激化矛盾。在旅客情绪激动的情况下，乘务员就需要心平气和，不能急于求成，而要耐心细致、稳扎稳打。这样往往能得到更多有用的信息，借助这些信息安抚旅客的情绪，更易解决问题。

（二）说服的方法

成功地说服别人并不是件轻而易举的事。我们在试图说服对方时不要急于求成，可以"循序渐进"。说服的前提是有足够的信任，因此要先获取对方的信任，再逐步说服对方。可以先由对方不经意的问题切入，再循序渐进、步步深入，从而逐渐引向实质性问题，使对方跟随我们层层推论的思维轨迹，渐渐接受我们所讲的事理。

在具体的工作情境中，说服主要有以下几种方法。

1. 融情动心法

"动人心者莫先于情。"冰冷的态度、公事公办的言辞，都会引起对方的逆反心理。在服务工作中，我们需要旅客配合时，都要先获取旅客的信任与支持。这时，为旅客提供一些帮助，引导对方倾诉自己的烦恼，都可以快速拉近我们与旅客的距离，从而让旅客积极配合我们的工作。没有心理上的沟通做基础，即使有理，也很难顺利达到说服的目的。

读一读▼

语言的差异

一位乘务长沉着脸对一个迟到了一分钟的乘务员厉声说："迟到了！扣钱！"把迟到的乘务员说哭了。

另一位乘务长在同样的情况下说："你这丝巾今天打得真不错。但是迟到啦，赶紧去把落下的工作补上。"

还有一位乘务长细声细语地说："别着急，看你跑得上气不接下气，准是有什么急事耽误了吧，赶紧工作。"

三位乘务长的目的都是一样的，可是语言的差异却使得结果完全不同。第一位明显非常消极。第二位不仅批评了，还落在了实际工作上。第三位关怀备至，让人感动。

2. 借此说彼法

借此说彼是指利用两个事物之间的某一相似点，借甲事物说明乙事物，这种方法往往通俗易懂而且具有很强的说服力，十分适合表达自己的感同身受。常见的如航空服务人员在航班延误时，向旅客表示身为航空服务人员也经常遭遇航班延误的情况，非常影响工作、生活，然后介绍自己在这种情况下通常如何处理好事情、安排好工作。这样，就不是站在旅客的对立面，而是和旅客站在"同一边"，就能让旅客更好地接纳自己，往往可以顺利地把旅客向解决眼下的问题的方向上引导，这有助于更好地完成旅客安抚工作。

3. 以退为进

在说服别人时，要先站在别人的立场上，以退为进，循循善诱，最终达到目的。这种方法需要从别人的利益的角度出发，同时把握住自己的观点和原则，秉承着温柔且坚定的态度，不可一味后退。我们要态度柔和地传达自身坚定的立场，否则就容易被别人说服。

4. 旁敲侧击法

说服不一定全都采取直接出击的方法，可以旁敲侧击、暗示别人，先避开自己的观点，和对方围绕相关话题展开讨论，这也是行之有效的方法之一。旁敲侧击法如果用得恰到好处，能使人很快接受我们的观点，并且心悦诚服。

5. 巧借名言法

名言是人类几千年来智慧的结晶。短小精悍的名言准确、精练、一语中的，引用名言来说服别人，具有权威性，能起到很好的效果。

读一读 ▼

一杯水平息一场风波

某航班因机械故障延误。当时正值酷暑，旅客被闷在客舱里，没有空调，旅客的情绪随着气温的升高不断变差。看到这种情景，乘务员一边大声地要求旅客安静，一边安抚旅客，可乘务员的说话声完全被淹没在吵闹声中。一名男旅客按捺不住，使劲按呼叫铃。乘务员急忙走过去，蹲下身问他："先生，您有什么需要我帮忙的吗？天这么热，您先坐下来休息休息，喝杯水好吗？"然后对他微微地笑了笑，那位旅客先是愣了一下，意识到自己失态后，赶紧接过乘务员的水，喝了起来，并回了声："谢谢！"其他旅客看到这样的情景，意识到自己也口干舌燥了，于是纷纷向乘务员要求提供饮料，乘务员愉快地答应了，一场风波就这样很快平息下来。

任务五
特殊情况的沟通

航空服务人员在工作中可能会遇到一些特殊情况，如旅客间发生矛盾、遇到紧急情况、旅客违规、飞机延误等。航空服务人员需要具备处理这些特殊情况的能力。

读一读 ▼

"能不能把飞机叫回来？能不能帮帮我们？"

这是2021年4月30日深夜和田机场南方航空公司营业处几位旅客焦急求助的话语。当天，新疆和田一名7岁男孩因手臂被拖拉机绞断，需紧急前往乌鲁木齐进行接臂手术，然而当天最后一班由和田飞往乌鲁木齐的航班已按计划推出廊桥，准备滑行起飞。经过沟通协调，飞机为了男孩二次开门，让男孩顺利登机，及时得到了治疗，完成了接臂手术，身体恢复状况良好。

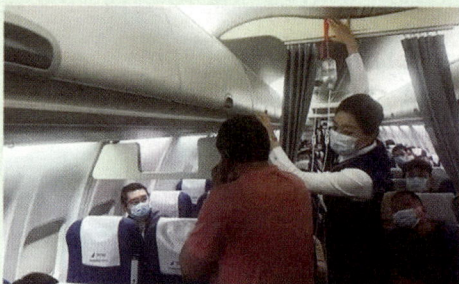

在这次事件的处理过程中，航空公司、机组人员、旅客，都表现出了对生命高度的尊重。断肢再植是有时限的，并且需要适宜的温度。救助断肢男孩是真正在与时间赛跑。

在这个"赛跑期"，机场工作人员协调航线，机组沟通旅客，101名旅客没有一个人不愿意，整个过程真正做到了以人为本。素不相识的人愿意在规则之外考虑人情，用最短的时间，一起救助了一个孩子。

航空服务人员除了要有渊博的知识、诚恳的服务态度、专业的服务技能，还要掌握一些特殊情况下的沟通技巧，要用爱心和智慧扮演满足旅客需要的角色。

一、特殊情况下的沟通技巧

（一）回答敏感或尴尬问题的技巧

旅客来自不同的地方，有着不同的兴趣爱好，提出的问题也是五花八门，在这样的情况下，是否掌握一定的回答问题的技巧也就成为衡量航空服务人员沟通能力高低的一个标准。航空服务人员在回答问题时，对于原则性问题要做到是非分明，如在回答一些涉及民族尊严、国家形象的问题时，一定要坚持原则，给予明确的回答。对于旅客提出的比较刁钻的问题，可采取"曲线回避"的方式回复旅客，比如可采用反问的方式，把问题返给对方。例如，一次飞机在途经河北承德时，有一名外国旅客问："承德以前是蒙古族居住的地方，因为它在长城以外，对吗？"乘务员回答："是的，现在承德的某个村落还是蒙古语名字。"该旅客又问："那么，可不可以这样说，现在汉族侵略了蒙古族的地盘呢？"乘务员回答："不，这应该叫民族交融。中国的北方有汉族人，同样南方也有蒙古族人。就像很多国家一样，中国是一个多民族国家，这是多种原因造成的，并不是侵略。"

（二）旅客之间发生纠纷的调解技巧

旅客之间发生纠纷时，航空服务人员不可置之不理，而应该视情况采用一定的调解技巧，帮助旅客解决纠纷。这些技巧包括保持冷静、耐心聆听、寻找共同利益、建立信任、适当妥协等。

读一读▼

巧语应变

乘务员小王刚给坐在43C的旅客加好茶水，放在小桌板上，没想到就被坐在42C的旅客重重放下的座椅靠背碰倒了。这杯水直接洒在了43C旅客的大腿上，上半部分裤腿都湿了，而坐在42C的旅客还不知道身后发生的事情，依旧安然地休息着。坐在43C的旅客十分生气，伸手就准备去推椅背，要和前排的旅客理论，这一幕恰好被小王尽收眼底，她及时拦住了坐在43C的旅客的手，并赶紧用手中的小毛巾帮他擦拭，同时说道："这位先生，怎么称呼您？这个小失误烦请您多担待，我们会给您一个满意的结果，谢谢您的配合。希望通过这个插曲，有缘与您相识。"旅客听

后不禁称赞道："你可真会说话啊！"小王接着说："俗话说，'百年修得同船渡'，咱们这一飞机的可都是有缘人啊，您千万别往心里去。您有备用的裤子吗？我带您去卫生间更换一下吧。"这位旅客听完后，一个劲地说："我没事，没事，麻烦你啦。"最后这位旅客表示要在意见本上对小王的服务进行表扬。前面的旅客听到了这番对话，知道跟自己有关，十分不好意思地进行了道歉。乘务员的巧语应变就这样为出现无心之失的旅客提供了台阶，化解了一次争端，赢得了皆大欢喜的局面。

（三）及时为旅客传递各种信息，把服务做在旅客开口之前

及时是一种明察秋毫的能力，具体表现为及时发现旅客的细小变化，用心体贴，善解人意，急旅客之所急，想旅客之所想，甚至在旅客本人还未明确意识到他所需要的服务时，就主动为旅客提供相关服务，帮助旅客解决他所面临的问题。优秀的航空服务人员能够与旅客取得心灵上的沟通，从而让旅客满意，并让旅客感到温馨。

（四）严肃对待旅客间的矛盾

在飞机上发生肢体冲突不是一件小事，而是影响飞行安全的大事。每一架飞机在起飞前，人员配比、货物装载状况都要经过严格的测算，尽量让飞机在飞行时保持平衡姿态。一旦飞机上有旅客发生激烈的肢体冲突，如果再加上几个人劝架，飞机的平衡姿态就可能会受到影响，严重时甚至可能导致飞机失事。

读一读 ▼

旅客打架，请做好劝解工作

某日上午，某机场警方接到报警，某航空公司航班机组人员称，正在飞行、预计9时40分许降落武汉的飞机上，有五名旅客在打架。

在航班到达后，航站楼派出所民警第一时间与该航班的安全员取得联系，得知本次航班由昆明飞往沈阳，经停武汉，该航班在飞行过程中，旅客刘女士与四名旅客发生冲突。安全员先后几次将双方拉开，都无法制止。最后，飞机上其他

旅客参与劝解，双方才暂时"停火"。安全员只好一直坐在刘女士旁边，以保证她的安全。在飞机抵达武汉后，机长考虑到飞机飞行的安全，将五名打架的旅客请下了飞机，移交给机场公安机关处理，并告知警方，他已取消这五名旅客乘坐该航班的资格。

二、处理冲突的原则

（一）冷静热情

冷静：面对冲突时要做到头脑冷静，不感情用事，要行为理智，情绪稳定，泰然处之，不急躁，不暴跳如雷，不唇枪舌剑。

热情：态度热情，不冷落，不指责。

（二）诚信尊重

诚信：对公司负责，对旅客负责，对社会负责。

尊重：敬人者，人恒敬之，要尊重每一位旅客。

（三）合法依章

处理冲突时，要依据航空法律、法规以及航空公司各类规章制度。

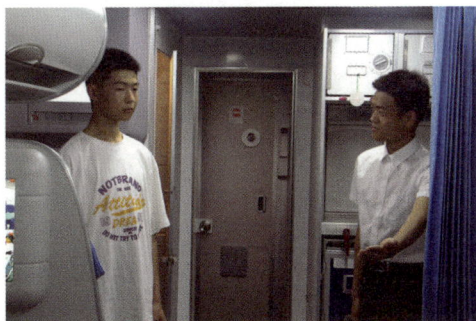

（四）宽容友善

在人际交往过程中，要能够体会他人的情绪和想法，理解他人的立场和感受并站在他人的角度思考和处理问题，也就是换位思考、设身处地、将心比心。它包括：①遇到问题要尽量了解并重视旅客的想法，这样就能更容易地找到解决方案，尤其是在发生纠纷或误解时，如果能把自己放在旅客的处境中想一想，也许就可以了解旅客的立场和初衷，进而求同存异、解决纠纷或消除误解。②理解旅客，倾听和了解旅客的需求，站在旅客的角度看问题，体谅旅客，实现有效沟通。在解决问题时可适当幽默，态度应真诚友善。

听音辨形——听：善于聆听。

语言礼貌得体——说：适当幽默。

态度真诚友善。

三、调解纠纷的各种技巧

（一）同理心法

顾名思义，同理心法就是通过语言和行为举止的沟通方式向旅客表达遗憾、同情，特别需要强调的是，这是在旅客感到愤怒和委屈时的一种精神安慰方法。

用语举例：

· 我能明白您为什么觉得那样……

· 我能理解您现在的感受……

· 那一定非常难过……

· 我对此感到遗憾……

（二）"三明治法"

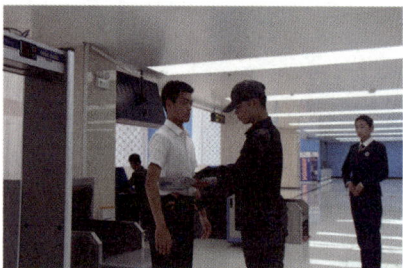

"三明治法"是与旅客沟通时避免说"不"的方法，适用于与旅客协商解决方案和旅客对解决方案不满意等情况。

三明治即两片面包夹火腿。"三明治法"就是两片"面包"夹拒绝。

第一片"面包"是"我可以做的是……"，意在告诉旅客，你会想尽一切方法来帮助他，你可以提供一些可选择的行动给旅客，虽然这些可能不是他想要的，但有助于减轻旅客沮丧的心理感觉。

第二片"面包"是"您能做的是……"，意在告诉旅客，你已控制了一些情况的结果，同时向旅客提出一些可行的建议，供旅客参考。

（三）谅解法

谅解法是一种向旅客表示歉意，安抚其情绪，尽量用旅客能够接受的方式取得旅客的谅解的方法。

谅解法使用的技巧就在于沟通时以同意取代反对，以更好地与旅客沟通，从而获得旅客的认同。这种方法适用于与旅客协商解决方案和旅客对解决方案不满意等情况。

用语举例：

·避免说："您说得很有道理，但是……"

·可以说："我很同意您的观点，同时我们考虑到……"

（四）紧急情况下的说服技巧

说服不是件容易的事情，可能遇到种种有形、无形的抗拒。对航班上出现不规范行为的旅客，要说服其有效改正，这不仅要求说服者的人品令人信服，而且要以对方关心的事为话题，符合对方的理解思路。一般来说，应从赞赏和鼓励开始，给对方留有面子，让对方能够理解说服者的难处和航空公司的规定，要使谈话的气氛保持融洽。

（五）对违规旅客的说服技巧

在旅客违反安全规定时，要及时制止，还要注意方法，尽量避免激化矛盾，否则只会造成更多冲突。

例如，按照航空公司的规定，不允许私自穿救生衣。可有的旅客在乘务员演示时会非常好奇，想要把救生衣拿出来，这时乘务员要立即制止并进行说服教育，说明利害关系。可先从旅客的角度入手："这位旅客，您好！我很理解您对飞机非常好奇的感觉。这种救生衣是一次性用品，您打开后这件救生衣就报废了，在飞机遇到危急情况时，您和他人的生命安全就得不到保证了。"

处理手段应视旅客行为带来的后果（是否危及飞行）及旅客行为的性质（无意或有意）而定。

乘务员在迎客时应注意观察，及时制止旅客的不当行为。比如，如果旅客已经将机上的设备拿下来，放了自己的行李，乘务员应巧妙地询问行李的主人是谁，然后帮他找一个妥善的位置放置行李，最后礼貌地向他解释此位置的特殊用途，以征得旅客的理解和配合。在处理事情时应顾全大局，把握好"度"。在自己能力范围内，可以自行解决的，可事后向机长汇报，以免干扰机长的正常工作，避免因处置过度而造成航班延误。

（六）处理飞机延误的技巧

在飞机延误时，旅客的情绪普遍烦躁，乘务员要用加倍周到的服务来缓解旅客的烦躁。同时，要在解释的过程中阐明航空公司以安全为根本，以求得旅客的理解和支持。

读一读 ▼

乘务长这样处理航班延误

飞机顺利降落，客舱里再一次响起了乘务长的声音。不过这次，她没有使用机载播音设备，而是站在了和第一排平行的人行通道里对所有旅客说话，声音不大，但异常清晰："我代表本次航班的所有工作人员感谢您乘坐××航空公司的班机，对本次航班的延误和服务不周到的地方，我们向您表示歉意并欢迎您再次乘坐××航空公司的班机，再见！"说完，她向旅客们深深地鞠了一躬。旅客们都愣了一下，紧接着，客舱内响起了一阵热烈的掌声。

（七）与病人沟通的技巧

乘务员在与病人进行沟通时一定要讲究技巧，多给予对方关心和鼓励。比如，有经验的乘务员往往会说："不用担心，我们会像医护人员一样照顾你。"

（八）与特殊旅客沟通的技巧

飞机上有各种各样的旅客：孤身一人的老年人、无成人陪伴的儿童、带小孩的旅客、孕妇、残疾旅客以及其他特殊旅客等。做好这些旅客的服务工作，让他们的亲人在送他们上飞机后放心，使他们安全到达目的地，是一名合格的航空服务人员的职责。把服务做在旅客开口之前，即使他们没想到，也要细心地去发现，尽力做到贴心、周详。

与老年旅客沟通时，主动询问并热情帮助老年旅客上下飞机（对身体较好的老年旅客以及外国旅客要视情况而定）。

在飞行途中，应注意观察老年人，在与老年人说话时，语速要慢一些，讲解要详细一些，身体要离老年人近一些（同时注意不要因为声音太大而影响其他旅客）。

你们的服务很好

在某航班上，旅客开始登机，乘务员站在前舱迎客，看见一位老奶奶提着一个大箱子艰难地走进来。乘务员立即迎上去："奶奶，能让我看一下您的登机牌吗？我帮您放行李好吗？"老奶奶点头同意后，乘务员引导她来到她的座位上，然后把箱子举起来，放到行李架里。老奶奶连声说谢谢，还说箱子太沉了。乘务员笑着回应："没事，不太沉，奶奶您先坐着，有事您可以按呼叫铃叫我们，好吗？"老奶奶笑着点头答应。看老人这么开心，乘务员由衷地松了口气。在航班到达目的地的 20 分钟前，老奶奶要求给她一张意见卡，周围的旅客也纷纷索要。在收卡的时候，乘务员特意看了看老奶奶的卡片，只见上面写着："客舱服务很好，乘务员热情周到。当我看见一个小姑娘把我那个重重的大箱子吃力地放到行李架里时，我很心疼，真的心疼。你们的服务很好。"

与一般搭乘航班的成人旅客不同，儿童在搭乘航班时需要当班机组的乘务员更多的协助、关心与照顾。广义的儿童旅客分为四类：婴儿旅客、有成人陪伴的儿童旅客、航空公司受托照顾的无成人陪伴的儿童旅客和其他需要特殊照顾的儿童旅客。狭义的儿童旅客不包括婴儿旅客。

婴儿旅客（各航空公司对婴儿旅客年龄的规定有一定的差别）基本上是由父母等陪同出行的，因此相对来说不会给乘务员的工作带来太大的压力。不过，对婴儿旅客的照顾，乘务员还是需要注意一些。

婴儿旅客的客舱服务

如果航班上有婴儿旅客，在旅客登机后，乘务员要在第一时间向其父母（或随行旅客）客气地询问在飞行期间的客舱服务过程中有没有需要特别注意的问题（如奶瓶冲灌、临时婴儿用睡品等）。提前了解这些问题，对中、长途航班上的婴儿旅客服务工作来说尤为重要。

在飞机起飞后，要在第一时间向其父母（或随行旅客）客气地询问婴儿的冷暖情况，以便第一时间为婴儿旅客添加婴儿用睡毯等保暖品。

在飞机起飞后，如带婴儿的旅客打开了婴儿专用的睡车或睡篮，一定要注意保证睡车或睡篮固定牢固，还要注意在此过程中将其噪声降至最低，以免打扰周边旅客。

在为带婴儿的旅客准备所需要的饮品（或餐食）时，要尤其注意加热时间、味道及餐饮器具等方面。要特别注意，一定不要把婴儿的餐饮物加热时间太长，以免造成烫伤等问题，而且一定要避免使用锋利的餐饮器具。

在飞行过程中，要每隔一段时间向其父母（或随行旅客）客气地询问有无需要帮忙的地方，但同时不要过多打扰其父母（或随行旅客）及周围旅客。

在飞机上，一旦听到婴儿旅客哭泣或有其他异样声响，乘务员应该第一时间前往查看，以便能在最短的时间内为其提供相应的服务或所需物品。

在婴儿旅客的父母（或随行旅客）入睡或上洗手间期间，乘务员要帮忙照看婴儿旅客，以免出现问题。

在乘务员送餐、饮品或其他物品经过婴儿旅客时，要注意尽量将声音降至最低，更要对婴儿旅客的安全多加留意，要百分之百避免诸如手中物品不小心掉落并砸压在婴儿旅客身体任何部位等事件的发生。

在航班降落前，如婴儿旅客仍在使用专用睡车或睡篮，要跟其父母（或随行旅客）做好解释工作，及时将睡车或睡篮收放好，以保证降落安全。

在航班降落后，如果婴儿旅客的父母（或随行旅客）同意，应尽量安排他们最后下飞机，以免在下机过程中对婴儿造成意外伤害。此外，在其他旅客下机过程中，应提醒其父母（或随行旅客）将婴儿安置在不靠近机舱过道的座位上，以免在其他旅客下机的过程中出现任何意外。

与婴儿旅客有很大的差别，绝大部分儿童旅客可以独立进食或活动，因此，他们基本上不需要乘务员提供类似于"婴儿托护"的服务。此外，那些有成人陪伴的儿童旅客，一般也不会在机舱内制造太多噪声或影响其他旅客。所以，从客舱服务的角度看，在儿童旅客中，他们相对来说是较好照顾的群体。

读一读 ▼

儿童旅客的客舱服务

在登机后，乘务员应及时向带儿童旅客的父母（或随行旅客）客气地询问在飞行期间的客舱服务中，有没有需要特别注意的问题（如是否需要特定的饮品等），要提前了解这些问题，这在中、长途航班上尤为重要。

在登机后，要第一时间向儿童旅客赠送航空公司专为儿童旅客准备的礼品（可根据实际情况而定，某些航空公司没有此类物品）。

不要将带儿童的旅客安排在靠近紧急出口和应急窗口的位置上。在飞机起飞前，应向儿童旅客或其父母（或随行旅客）询问是否需要口香糖等有助于缓解耳鸣的物品，并要提醒其系好安全带。

在飞机起飞后，要每隔一段时间向儿童旅客本人或其父母（或随行旅客）询问是否有任何需要。

在提供餐食时要征求其父母（或随行旅客）的意见。要注意不要配备太过锋利或可能对儿童造成伤害的餐饮器具，而且餐食温度要尽量适中。另外，对儿童旅客所需要的饮品，注意提供大约为所用杯子的一半容量即可（各个航空公司不太一样，一般旅客在 70% 左右比较合适），以免出现不小心碰洒等情况。

在高空飞行过程中，空气中氧气减少，气压降低，因此孕妇乘机有一定的限制条件。

怀孕 32 周或不足 32 周的孕妇乘机，除医生诊断不适宜乘机者外，可按一般旅客运输。

怀孕超过 32 周的孕妇乘机，应提供包括旅客姓名、年龄、怀孕时间、旅行航程和日期、是否适宜乘机、在机上是否需要提供其他特殊照顾等内容的医生诊断证明。

对于预产期在 4 周以内，或预产期不确定但已知为多胎分娩或预计有分娩并发症者，不予接受运输。

乘务员在工作中会接触到残疾人及残疾人服务者，要为他们提供贴心的服务。例如，航空服务人员在工作中应重视对聋哑旅客的关爱，可以学习一些必要的手语，构建与聋哑旅客沟通的桥梁。

关于盲人旅客的几条规定

盲人旅客是指双目失明的旅客。每一航班的每一航段上，对无导盲犬引路的盲人旅客的数量有一定的限制，由座位控制部门负责管理和限制盲人旅客的接收人数。

有人陪伴（只限以成人旅客陪伴同行）的盲人旅客按普通旅客接受运输。

有导盲犬引路的盲人旅客可携带导盲犬乘机，具备乘机条件的盲人旅客应向相关部门提供导盲犬的身份证明和检疫证明，导盲犬和旅客一样，必须接受安全检查。

四、如何为旅客服务

（一）耐心多一点

在实际的工作中，航空服务人员要耐心聆听，不要轻易打断旅客的叙述，更不要批评旅客的不足，要鼓励旅客进行倾诉，让他们尽情宣泄心中的不满。在耐心听完旅客的倾诉和抱怨后，旅客自然就能够听进去服务人员的解释和道歉了。

（二）态度好一点

旅客有抱怨或投诉意味着旅客对企业的产品或服务不满意。航空服务人员在处理的过程中如果不友好，会使旅客的心理感受及情绪变差，甚至可能恶化与旅客的关系；反之，若服务人员态度诚恳，礼貌热情，则会减弱旅客的抵触情绪。俗话说"伸手不打笑脸人"，态度谦和友好，会促使旅客平复情绪，理智地与服务人员协商处理问题。

（三）动作快一点

面对旅客提出的需要，航空服务人员应该第一时间给予解答，不能把"手头有事"当借口来推托，为自己找理由。在工作中，航空服务人员手脚要利落，争取在最短的时间内达到最佳的效果。

（四）语言得体一点

旅客对服务不满，在发泄的陈述中有可能会言语过激，如果航空服务人员与之针锋相对，势必恶化彼此的关系。在解决问题的过程中，航空服务人员的措辞应十分注意，要合情合理，得体大方，不要说出伤人自尊的话。应尽量用委婉的语言与旅客沟通，即使旅客存在不合理的地方，也不要冲动，否则，只会让旅客失望，使问题更难解决。

（五）办法多一点

在处理旅客的投诉与抱怨时，不要一味地采用慰问、道歉、补偿、赠送小礼品等方式。其实解决问题的办法有很多，除上述方式外，还可邀请旅客参加机场内部讨论会，或者给他们其他补偿等。

任务六
学会如何拒绝

航空服务作为一种特殊服务，对安全保障要求极高。出于安全的考虑，服务人员时常要拒绝旅客的不当甚至是无理的要求。

懂得灵活运用拒绝的语言技巧，可以把拒绝带来的负面影响降到最低限度，既能够避免很多麻烦，又不会伤及对方的感情与自尊。

读一读 ▼

糟糕的服务

某机场发生过这样一起事件。

一位旅客到电子客票柜台取票，并办理改签业务。柜台服务人员确认机票已更改后，告知旅客需要交纳更改费。旅客得知后表示："没人说过。为什么要交？"服务人员只好再三解释，但旅客依然不接受。在这样的情况下，柜台服务人员说了一句："如果你不交更改费，你今天就不能用这张票登机。"这句话瞬间激怒了旅客，旅客最后进行了投诉。

在这起事件中，虽然旅客的要求是不符合规定的，但服务人员对旅客的指责已经从根本上否定了服务。虽然投诉属于无效投诉，但对旅客的伤害是无法挽回的。改变旅客的最好方法永远是优质的服务。

一、拒绝的基本方法

无论是拒绝别人还是被别人拒绝，最令人难堪的往往不是事情没办成，而是自尊被伤害，失了面子。精通拒绝的艺术的人，往往能在说"不"的同时给足对方面子，既达到自己的目的，又能与对方成为长久的好朋友。因此，要想巧妙地拒绝别人，需要掌握一些具体、实用的方法。

（一）迂回否定

对于对方提出的不合理的要求，不要急着拒绝。可以先表示对对方的肯定，表明自己可以接受他的观点，然后再迂回、委婉地表达自己的见解，提出不能认同的意见。这种柔和的拒绝方法，可以使他比较容易地接受反对的观点。

在采用这种方法拒绝别人时，可以说"是的，我也这样认为，……问题是……""对呀，……这样没错，但是……"。

读一读 ▼

旅客露出了笑容

在某次航班上，飞机已经进入降落阶段，卫生间已经停止使用。此时，一名旅客解开安全带，向乘务员提出刚睡醒，需要上厕所的要求。乘务员耐心解释道："您好，我们非常理解您的需求，人有三急缓不得。但是因飞机下降过程中可能产生颠簸，关闭卫生间是出于安全的考虑，所以希望您可以理解。"听到乘务员的解释，该旅客坐回了座位，但面露不悦。乘务员继续说道："感谢您的理解，请您系好安全带，飞机降落后我会帮助您提前下机，谢谢配合。"听到乘务员的回答，这名旅客终于露出了缓和的笑容。

（二）引导进行自我归谬

当不好直接拒绝旅客的请求时，可以采用向对方提问，引导对方进行自我归谬的方法。首先可以提出问题，引导对方对所提要求中不合理的部分进行思考，从而得出结论，阐明后果，让对方自己否定自己的观点，进而放弃所提的要求。

（三）采用委婉、模糊的语言

当碍于情面，无法对旅客开口说"不"的时候，可以用委婉、模糊的语言拒绝其提出的要求。这种似是而非的语言，看似回应了旅客的要求，但实际上，在反馈给他的信息中并没有实质性的内容，这样既达到了拒绝的目的，又不影响双方的人际关系。

劝告旅客保持客舱安静

在某航班的公务舱中，用餐后灯光关闭，旅客大多开始休息。但有两名旅客各饮用了两杯威士忌，开始大声聊天，其间，后排的一名旅客也加入了聊天，声音更大了。乘务员多次提醒无果后，先把邻近座位的一家三口调离至C2舱，接着向旁边单独座位上的旅客道歉，并询问其是否需要调整座位。旅客表示不用，乘务员便建议旅客戴上耳机防噪。随后来到大声聊天的旅客身边说道："几位旅客的业务虽然很繁忙，但是因为我们的客舱旅客大多已经休息，环境较为安静，还请注意下业务隐私，同时也照顾一下其他旅客的乘机体验。"

在本案例中，航空服务人员处理的基本原则是照顾到全体旅客的感受，对不文明旅客以"劝告为主，强制为辅"，乘务组处理的基本步骤为劝告、制止、隔离、安抚。这样既照顾到了旅客的感受，又表达了坚定的立场。

（四）适当拖延

当不好满足旅客提出的要求时，不用明确给出答复，可以采用适当拖延的办法来拒绝。遇到这种情况，可以对旅客说："请让我再考虑考虑。"

（五）及时转移话题

在双方话不投机，又一时难以拒绝的时候，可以及时转移话题，聊一些轻松的话题；也可以改变谈话语气，避实就虚，将旅客的注意力引开，从而达到拒绝其要求的目的。

及时转移话题

在厦门机场的登机口，因天气原因，部分航班取消，一名旅客情绪激动，要求航空公司给予赔偿。

在民航工作中，非航空公司原因导致的航班取消是仅提供退票服务或是协助安排食宿服务的。面对情绪激动要求额外赔偿的旅客，登机口的服务人员耐心地与其进行了沟通：介绍了厦门的一些特色美食、旅游景点，建议旅客申请退票多游玩几日；如果因为等待航班身心疲惫，不妨前往酒店美美地睡上一觉，感受一下厦门清新的空气。

慢慢地，该旅客的注意力被关于厦门的介绍吸引了，情绪也慢慢平复了，最终事件得以顺利解决。

二、拒绝的技巧

在面对旅客提出的不合理要求时，航空服务人员要使用一定的拒绝技巧，做到措辞得体，态度诚恳，且要把握一定的分寸，既要回绝旅客的要求，又不让旅客处于尴尬的局面。

拒绝是难免的，遭到拒绝是不愉快的，怎么拒绝才可以把种种不愉快降到最低限度，从而得到对方的谅解和认可呢？

以下是拒绝的几种技巧。

（一）巧用比喻

当面对旅客提出的不恰当要求时，可以巧妙地运用比喻的方式进行拒绝。这种拒绝方式，既能达到自己的目的，又能避免双方尴尬。

读一读▼

巧用比喻拒绝对方

曾经有一位读者看了钱锺书的《围城》后十分喜欢，打电话告诉钱锺书说自己非常仰慕他，想约钱锺书见面。钱锺书回答说："假如你吃了一个非常不错的鸡蛋，还需要去见那只生蛋的母鸡吗？"

钱锺书精妙的比喻，既让那位读者了解到自己不愿与之见面，又没有伤害读者的感情和自尊，由此巧妙地解决了问题。

（二）提出条件

有时不用将拒绝的话说出口，只需要告诉旅客：如果要答应他的要求，就需要他满足航空服务人员提出的一些他不太可能达到的条件，从而让他知难而退。一般在提出不太可能达到的条件之后，最好再为旅客提供一些其可以接受的方案，这样旅客就不会认为服务人员在刻意刁难，会退而求其次选择其他的处理方案。

提出条件婉拒旅客

在某航空公司的航班上，一名乘坐经济舱的旅客找到乘务员，要求为其提供头等舱才能供应的红酒。乘务员听完后，真诚地向旅客道歉，并告知旅客："我们今天的航班仅为头等舱配备了红酒，如果有需要的话，我可以为您办理升舱服务。或者我可以为您提供啤酒，如果可以的话，我去拿给您。"最终，该旅客在拿到了啤酒后没有提出更多的要求。

（三）另有选择

在不能满足旅客提出的要求时，航空服务人员可向其表明：比起他的要求，自己有更好的选择。这也是有效拒绝别人的方法之一。航空服务人员通常可以说："不错啊，但我更愿意……""您的提议不错，不过我更赞成……""我们是不是……更好？"

（四）寻找合理的借口

可以寻找一个合理的借口，让旅客理解航空服务人员的难处，并将其作为拒绝的理由，而不用直接将"不"字说出口。这种借口可以成为"挡箭牌"，能顺利地拒绝旅客，而又不伤害与旅客的感情。

（五）真诚致歉

遭人拒绝是一件令人尴尬的事，所以在拒绝旅客的某些要求时一定要真诚，即使要求不合理也要委婉地说："真的很抱歉，没能帮上您的忙，还请您谅解。"这样旅客会比较容易接受。例如，有个别旅客很喜欢飞机上的小毛毯或小碗，而按照规定这些东西是必须清点回收的。这时，运用语言技巧进行拒绝必不可少。乘务员要耐心地向旅客解释相关的规章制度，不要因为旅客不知情而流露出责备的语气。

（六）婉言回避

航空服务人员可以用委婉的方式从侧面拒绝或用模糊的语言回避旅客的锋芒。例如，在飞机上，乘务员手中正拿着饮料，某旅客要求其撤走空杯子。乘务员说："请您帮忙递过来好吗？"该旅客十分不满，脱口而出："我递杯子，用你干吗？"乘务员装作未听清旅客话的样子，面带微笑地问道："先生，您需要我做什么？"该旅客的同伴连忙把杯子递过来，一场冲突就这样在无形中化解了。

（七）消除不满

如果旅客因对飞机设施不满而发牢骚，航空服务人员可以先感谢对方对民航工作的关心和支持，再表示一定及时把该旅客的意见反馈给公司以便及时更新。

思考与练习

一、思考与训练

1. 教师邀请一位学生上讲台，然后让其他学生举手发言，对讲台上的学生进行赞美，要求语言具体细致。

2. 请各位同学收集一些幽默的语言，并将这些语言串联起来讲个故事。

3. 请各位同学课下准备一些生活中的笑话，在上课时当着全班同学的面讲出来，用这样的方式来积累幽默的素材。

4. 你来说，我来猜。教师准备若干成语，让一名学生用语言描述成语，另外一名学生猜是什么成语。要求用最精练的语言描述。

5. 请各位同学选择一位同学上讲台，讲台下每个人用最具体的语言描述一下讲台上的同学。

6. 教师规定几个场景，让学生根据规定场景的内容说服旅客。

二、案例分析

1. 飞机延误，旅客很生气。

2. 在某航班上，乘务员像往常一样，为一名正在看报纸的旅客打开了阅读灯，为一名老年旅客讲解客舱设备的使用方法，消除他初次乘机的不安……在巡舱时，乘务员发现后排座位上有一名无成人陪伴的儿童旅客，大约六岁。她的双手紧紧地抓着座椅扶手，头紧贴在靠背上。从小女孩的眼神里可以看出，她对这个庞大的"怪物"既好奇又害怕。

三、行动建议

1. 请学生按照航空服务人员的口语交际要求并使用相关技巧与儿童旅客沟通。

用角色扮演的方式，教师将班里的学生分成不同的角色，并且布置不同的场景，让学生在各种场景中进行交流，最后教师给予点评。

2. 每组选出一名代表，对同一个话题阐述自己的理解。

3. 让一名学生在没有准备的情况下当着全班学生的面与任意一名学生进行语言交流。教师设计场景和内容，考查学生是否掌握了语言的修饰方法。

4. 教师讲述一个故事，让学生复述，以此加深学生对聆听的理解。

项目三　打好普通话与播音语音基础

　　语言是人与人之间最重要的沟通工具，也是我们沟通和表达的主要方式。在沟通中，语言的运用会影响别人对我们的印象，能反映我们对别人的态度，使用不同的语言会给别人带来不同的感受。

> **案例导入** ▶▶ 在某航班落地前，乘务员刚做好签封工作，就有一名旅客提出要一杯可乐。乘务员说："我们都封了。"结果旅客很不理解："我就要杯可乐，你们就疯（封）啦！至于吗？"

该案例是因为语言含混不清而使旅客对乘务员或航空公司产生了误会，这类情况是完全可以避免的。

提高个人语言修养，大力推广普通话是消除语言表达和理解障碍的前提条件，也是促进人们交流和沟通的重要桥梁。

航空服务人员代表着航空公司的形象，要保证传递的信息不被误解，拥有一口标准流利的普通话是前提条件。

什么是普通话？

普通话是以北京语音为标准音，以北方话为基础方言，以典范的现代白话文著作为语法规范的现代汉民族共同语。

怎样才能说好普通话？

说好普通话，语音是关键。语音是口耳之学，要多听、勤练，才能掌握。我们在小学和中学阶段已打下了一定的普通话语音基础，本项目将帮助同学们对这些语音知识进行系统的整理。在语音知识的指导下，同学们可以从模仿开始，结合自身情况，克服发音难点，逐步掌握并熟练运用相关知识。在语音练习的开始阶段，准确性是最重要的。不要怕暂时的生硬，只要经过大量的练习，就能逐渐做到运用自如。

任务一
认识普通话声母

一般来说，一个汉字的读音就是一个带调的音节（儿化音节用两个汉字代表一个音节）。在"吃"这个音节"chī"中，"ch"是声母，"i"是韵母，"-"是声调。图 3-1 所示为吐字归音"枣核形"示意图。

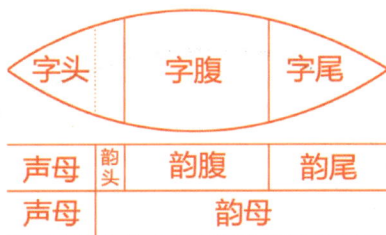

图 3-1 吐字归音"枣核形"示意图

声母是音节的开头部分。例如，dēngjì（登记）两个音节中的"d""j"是声母。普通话中共有 22 个声母，除零声母外，其余 21 个都由辅音充当。

一、普通话辅音声母发音基本方法

声母的发音过程有三个阶段：形成阻碍、保持阻碍、解除阻碍。要念好一个声母，首先要经历发音部位的成阻阶段，阻住气流，此时要求成阻部位要准确。其次是持阻阶段，要求发音部位控制有力，气流也要强，以形成强有力的对抗，是一个箭在弦上引而不发的短暂过程。最后是在这种态势下，气流冲出，解除阻碍，完成发音。这一步被称为除阻，要干脆利落。

请发出一个声母"b"的音，试着感受一下，是以上过程吗？

准确找到声母的发音部位是发好音的关键。发音部位不同，吐字时的着力点就不一样。例如：b、p、m 的着力点在双唇；d、t 的着力点在舌尖，靠舌尖的弹力发音。因此，发声母的音时要努力做到"咬得准、发得清"。学习时要避免声母读音错误和缺陷。

图 3-2 所示为发音器官示意图，图 3-3 所示为辅音声母发音部位示意图。

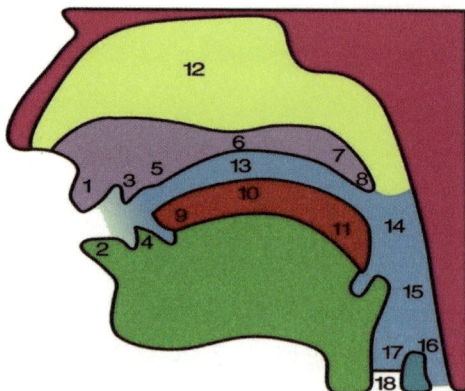

图 3-2　发音器官示意图

1. 上唇　2. 下唇　3. 上齿　4. 下齿　5. 上齿龈　6. 硬腭
7. 软腭　8. 小舌　9. 舌尖　10. 舌面　11. 舌根　12. 鼻腔
13. 口腔　14. 咽头　15. 喉盖　16. 食管　17. 气管　18. 声带

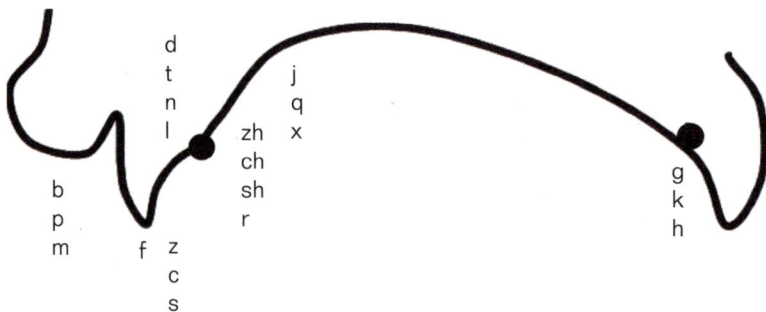

图 3-3　辅音声母发音部位示意图

辅音声母的正确发音，需要从辅音的发音部位和发音方法两个方面去学习。发音部位指发音时发音器官对气流形成阻碍的位置，发音方法指发音时阻碍气流的方式、气流的强弱、声带是否颤动等。

根据普通话辅音声母的发音部位，可以将辅音声母大致分为三大类，并可细分为七小类。图 3-4 所示为辅音声母按发音部位分类。

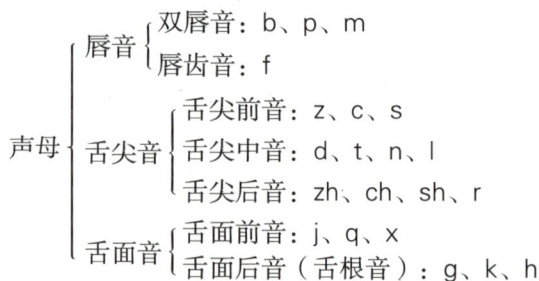

图 3-4　辅音声母按发音部位分类

①双唇音（上下唇成阻）b、p、m。

这三个声母发音时都是由上下唇阻塞气流。图 3-5 所示为 b、p、m 的发音示意图。

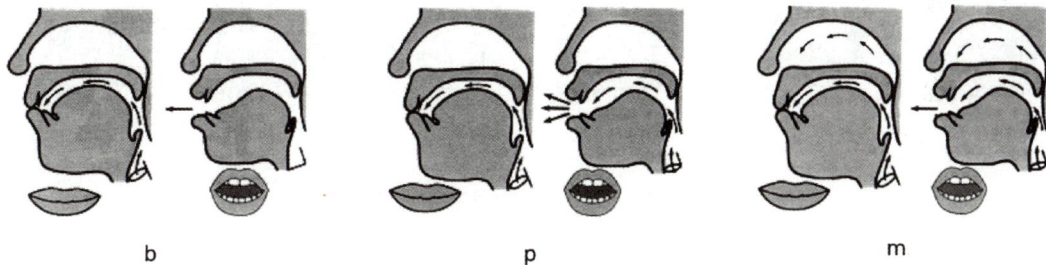

图 3-5　b、p、m 的发音示意图

练一练 ▼

读字、词，注意声母发音。

b—八、拔、白、败、般、帮、瓣、包、傍、剥、碑、悖、绷

p—陪、彭、偏、坪、疲、平、盘、排、铺、屏、破、鹏、婆

m—们、没、美、苗、漫、磨、蛮、漠、帽、目、毛、面、名

冰雹	背包	播报	报备	辨别	颁布
批判	琵琶	乒乓	偏僻	爬坡	品牌
盲目	埋没	买卖	明媚	牧民	梦寐
奔跑	闭幕	拼命	评比	马匹	薄膜

②唇齿音（上齿与下唇内缘成阻）f。

这个声母由上齿与下唇内缘接近，气流从窄缝里摩擦而出成声，声带不颤动。

练一练 ▼

读字、词，注意声母发音。

f—发、佛、飞、翻、分、方、峰、夫、非、法、繁

发奋　仿佛　丰富　非凡　防范　芬芳

③舌尖前音（舌尖与齿背成阻）z、c、s。

这三个声母发音时都是由舌尖抵住齿背阻碍气流，它们又称平舌音。图 3-6 所示为 z、c、s 的发音示意图。

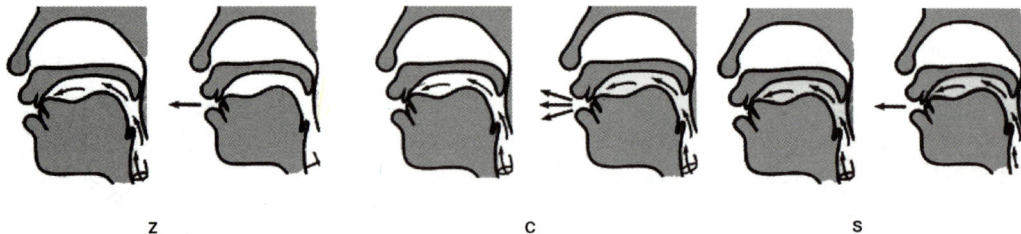

z   c   s

图 3-6   z、c、s 的发音示意图

练一练▼

读字、词，注意声母发音。

z—咂、灾、脏、遭、则、贼、怎、增、资、宗、邹

c—擦、猜、惨、仓、操、册、词、岑、层、聪、凑

s—撒、塞、三、桑、虽、色、思、松、搜、苏、酸

藏族   最早   作坊   自足   总则   自尊

嘈杂   草丛   错综   参差   苍翠   璀璨

思念   诉求   速度   缫丝   锁匠   烦琐

层次   蹉跎   措辞   催促   色彩   婆娑

④舌尖中音（舌尖与上齿龈成阻）d、t、n、l。

这四个声母发音时都是由舌尖抵住上齿龈阻碍气流。图 3-7 所示为 d、t、n、l 的发音示意图。

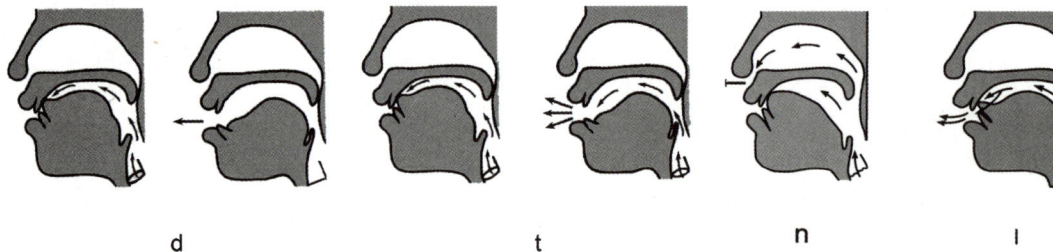

d   t   n   l

图 3-7   d、t、n、l 的发音示意图

练一练▼

读字、词，注意声母发音。

d—登、担、挡、答、淡、耽、代、逮、怠、第、缔

t—贪、忐、他、逃、讨、挺、毯、谈、贴、韬、悌

n—挠、呶、讷、拟、昵、弩、拗、虐、腻、扭、怩

l—琅、蜡、劳、勒、落、潦、量、累、罗、略、黎

担当　达到　道德　当地　叮当　顶多

铁塔　坍塌　天体　体贴　抬头　贪图

奶牛　忸怩　男女　难耐　恼怒　袅娜

留恋　拉力　来历　拦路　褴褛　劳碌

路灯　踢打　唠叨　同理　讨论　图例

⑤舌尖后音（舌尖与上齿龈和硬腭交接处成阻）zh、ch、sh、r。

这四个声母发音时都是由舌尖上翘，抵住或接近硬腭前部阻碍气流，它们又称翘舌音。图 3-8 所示为 zh、ch、sh、r 的发音示意图。

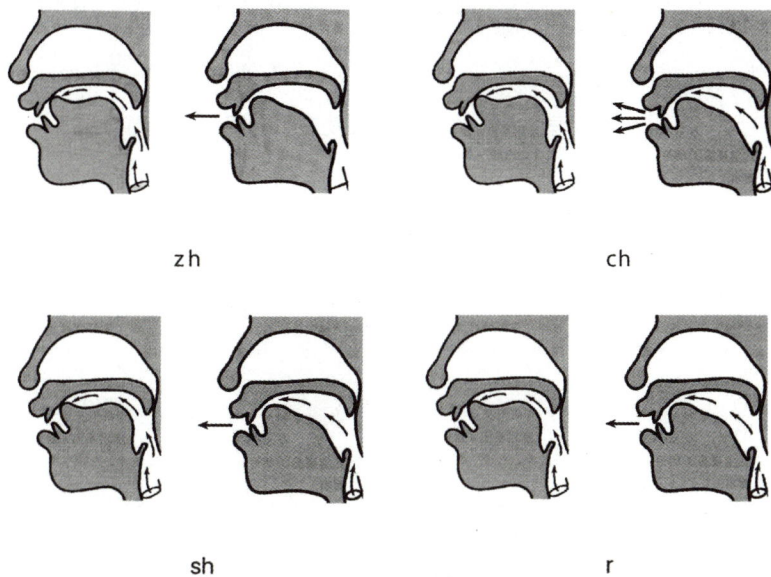

zh　　　　　　　　　　　　ch

sh　　　　　　　　　　　　r

图 3-8　zh、ch、sh、r 的发音示意图

练一练 ▼

读字、词，注意声母发音。

zh—占、壮、捉、着、涨、帐、卓、制、周、正、展

ch—持、尺、忏、乘、冲、察、婵、常、超、衬、城

sh—善、摄、授、术、身、试、扇、神、施、盛、爽

r—任、肉、仁、锐、绕、茹、融、芮、仍、儒、嵘

整治　驻扎　辗转　制止　住宅　争执

差池　茶场　查处　拆除　产出　长城

杀生　霎时　山势　闪失　善事　伤势

扰攘　热容　忍让　仍然　荣辱　容忍

尝试　生产　删除　燃烧　染指　饶舌

⑥舌面前音（舌面前部与硬腭前部成阻）j、q、x。

这三个声母发音时都是由舌面前部抵住或接近硬腭前部阻碍气流。图 3-9 所示为 j、q、x 的发音示意图。

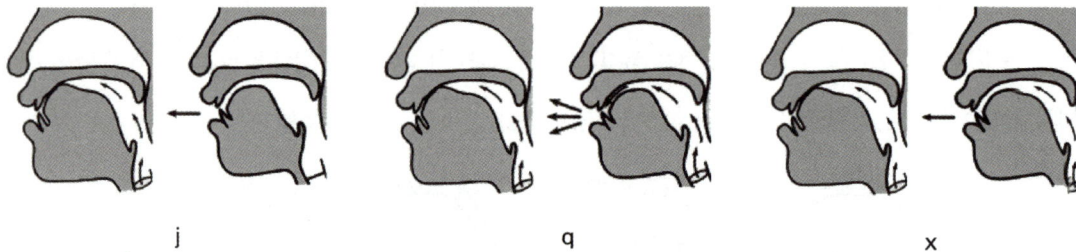

j　　　　　　　　q　　　　　　　　x

图 3-9　j、q、x 的发音示意图

练一练 ▼

读字、词，注意声母发音。

j—机、急、杰、加、讲、即、久、紧、较、卷、夹

q—轻、请、求、齐、启、欠、圈、巧、勤、奇、庆

x—心、向、像、信、响、休、学、秀、翔、许、些

击剑　机警　积极　基金　急剧　季节

凄清　漆器　蹊跷　齐全　祈求　恰巧

悉心　嬉戏　心性　喜讯　细小　遐想

机器　希冀　极限　清秀　清洁　心急

⑦舌面后音（舌根与软腭成阻）g、k、h。

这三个声母发音时都是由舌根抵住或接近软腭阻碍气流。图 3-10 所示为 g、k、h 的发音示意图。

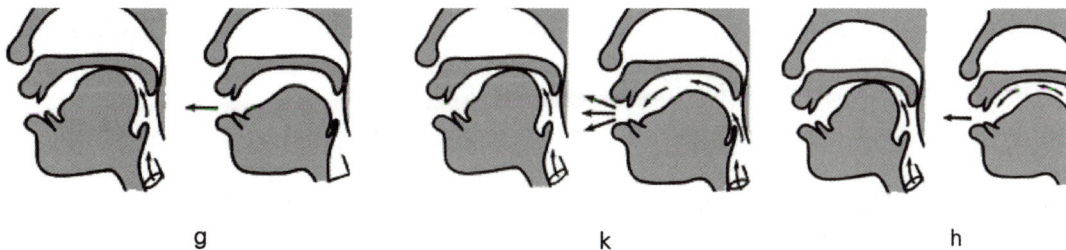

图 3-10　g、k、h 的发音示意图

练一练 ▼

读字、词，注意声母发音。

g—顾、跟、高、公、个、根、告、搞、宫、戈、关

k—快、可、开、哭、康、库、矿、侩、凯、刊、奎

h—何、回、惠、华、韩、灰、汉、话、或、后、慧

改革　干戈　赶工　钢管　杠杆　高估

开垦　坎坷　看客　慷慨　苛刻　科考

海涵　含混　瀚海　豪华　好话　和缓

钙化　概况　可汗　回顾　矿工　开关

二、普通话辅音声母发音技巧

按阻碍气流方式、气流强弱、声带是否颤动，可以将辅音声母分为以下不同类别。

按阻碍气流的方式，可以划分为六种。

塞音（6个）：b、p、d、t、g、k。发音时，构成阻碍的两个部位完全闭塞，到除阻阶段时，气流冲破阻碍，爆发成声。

擦音（5个）：f、h、x、sh、s。发音时，构成阻碍的两个部位接近，中间留有缝隙，气流从缝隙中挤出，摩擦成声。

塞擦音（6个）：j、q、zh、ch、z、c。塞擦音是塞音和擦音的结合。发音时，构成阻碍的两个部位完全闭塞，然后气流把阻塞部位冲开一条窄缝，接着气流从窄缝中挤出，摩擦成声，形成一个先塞后擦的音。

近音（1个）：r。发音时，构成阻碍的两个部位接近，口腔通道变窄，留有比擦音略大的缝隙，气流通过时只产生轻微的摩擦。

鼻音（2个）：m、n。发音时，构成阻碍的两个部位完全闭塞，软腭下降，开启鼻腔通道，气流振动声带，经鼻腔成音。

边音（1个）：l。发音时，舌尖与上齿龈接触，使口腔中路通道阻塞，同时软腭上升，阻塞鼻腔的通道，气流振动声带，从舌尖的两边流出。

根据发音时气流的强弱，普通话声母中的塞音和塞擦音有"送气"和"不送气"的区别。相较而言，送出气流较强、较快的是送气音；与相对应的送气音形成对立的是不送气音。

送气音（6个）：p、t、k、q、ch、c。

不送气音（6个）：b、d、g、j、zh、z。

根据发音时声带是否颤动，分为清音（17个）：b、p、f、d、t、g、k、h、j、q、x、zh、ch、sh、z、c、s；浊音（4个）：m、n、l、r。

普通话辅音声母发音技巧见表3-1。

表3-1　普通话辅音声母发音技巧

发音方法			双唇音		唇齿音		舌尖前音（平舌音）		舌尖中音		舌尖后音（翘舌音）		舌面前音		舌面后音（舌根音）	
			上唇	下唇	上齿	下唇	舌尖	齿背	舌尖	上齿龈	舌尖	硬腭前	舌面前	硬腭前	舌根	软腭
塞音	清音	送气音	p						t						k	
		不送气音	b						d						g	
塞擦音	清音	送气音					c				ch		q			
		不送气音					z				zh		j			
擦音	清音				f		s				sh		x		h	
近音	浊音										r					
鼻音	浊音		m						n							
边音	浊音								l							

小贴士▼

▶ *零声母*

除以上所说的 21 个辅音声母外，普通话中还有一些音节不用辅音声母开头，如 ān（安）、ēn（恩）、āo（凹）、ōu（欧）、āng（肮）等。这样的音节没有声母，可是语言学家从语音的系统性考虑，认为它们有声母，不过不是辅音声母，而是特殊的声母，叫作零声母。有了零声母这个概念，我们就可以说普通话里所有的音节都有声母，都可以分为声母和韵母两部分。汉语拼音的 y 和 w 只出现在零声母音节的开头，它们的作用主要是使音节界限清楚。例如，yī（衣）、yū（迂）、yān（烟）、yuān（冤）、yāng（央）、wāng（汪）、wēng（翁）、yōng（雍）等。

三、声母分辨对比训练

有的同学在说话时，往往忽略方言与普通话的细微差别，如读音中声母平、翘舌音不分，边音、鼻音不分等，就会造成普通话不标准，甚至造成歧义。

（一）常见的声母发音错误

1. 平、翘舌音不分

通常是把翘舌音读成平舌音，或把平舌音读成翘舌音，或将二者混为一谈，如将主力（zhǔlì）读成阻力（zǔlì）。

技巧：普通话中翘舌音的字较多，平舌音的字较少，可以熟记为数较少的平舌音来辨别平、翘舌。

2. 边、鼻音不分

常见的是把鼻音读成边音，如把奶奶（nǎinai）读成"lǎilai"；也有将边音读成鼻音的，如把褴褛（lánlǚ）读成男女（nánnǚ）。

技巧：第一要读准 n 和 l，第二要牢记字音，带边音的字音用 l，带鼻音的字音用 n。

3. f、h 不分

常见的是把 f、h 与韵母 u 相拼构成的音节 fu、hu 都读成 fu，如把老虎（lǎohǔ）读成"lǎofǔ"。部分地区把声母 h 与介音 u 构成的 hu 读成 f，如把黄昏（huánghūn）读成"huángfēn"；或者相反，把 f 读成 hu，如把芬芳（fēnfāng）读成"hūnhuāng"。

技巧：多练习本地方言中没有的普通话音节，如发 hu（湖、虎）的音节。f 与 u 拼合时，嘴角向左右略展，h 与 u 拼合时，唇形拢圆、突出。

4. 零声母错误

把零声母音节读成带有声母的音节，或者把有声母的音节读成零声母的音节，如把咬住（yǎozhù）读成"liǎozhù"。

技巧：多记多练。

（二）常见的声母发音缺陷

1. 翘舌音和平舌音不到位

发翘舌音时舌位过于靠前或靠后，发平舌音时舌位过于靠后或舌尖不够平，或将二者都读成介于平翘舌之间的音。

技巧：普通话中的翘舌音较多，平舌音较少，应找准翘舌音的发音部位，养成开口就发翘舌音的习惯，在此基础上分辨和熟记为数较少的平舌音。

2. 边、鼻音不纯正

例如，读 n 时鼻音不够，或把边音 l 鼻化。

技巧：发 n 的音时，舌尖用力抵住上齿龈；发 l 的音时，舌头后缩，舌尖轻弹上齿龈，气流从舌两边出来。

3. j、q、x 带尖音

这类缺陷主要是发音时舌尖用力，而不是舌面前用力。

技巧：发音时，舌尖稍向后缩，不能接触上齿或上齿龈，舌尖不要使劲，双唇要放松，上下门齿间要有缝隙。

（三）声母分辨对比训练

1. 分清鼻音与边音（n—l）

练一练 ▼

1. 听读。

n—l　l—n　n—n　l—l　l—n—l　n—l—n

2. 读词语。

牛奶 niúnǎi	恼怒 nǎonù	泥泞 nínìng
能够 nénggòu	缉拿 jīná	电脑 diànnǎo
来临 láilín	陆路 lùlù	料理 liàolǐ
劳力 láolì	流量 liúliàng	浏览 liúlǎn

3. 听辨对比。

老刘—老牛	南宁—兰陵	脑力—劳力	无奈—无赖	一年——连
恼人—老人	你想—理想	南天—蓝天	留恋—留念	老农—老龙
闹灾—涝灾	临近—宁静	大娘—大梁	浓重—隆重	男裤—蓝裤
内室—类似	亲娘—清凉	旅客—女客	拦住—难住	拦路—南麓

n—l	年轮	牛柳	孥戮	努力	嫩柳
	那里	男篮	农林	闹铃	南岭
l—n	辽宁	来年	流年	冷凝	两难
	利尿	龙女	老娘	理念	鲁南

2. 分清平舌音与翘舌音（z、c、s—zh、ch、sh、r）

▶ **平舌音歌诀**

下面这首歌诀里的字都是平舌音的代表字，凡以它们为声旁或与它们有相同声旁的字，大多可推断为平舌音，如曾、增、憎、赠、甑、缯等。只要你记住了一个字的读音，就能记住一类字的读音。一起来记一记吧！

平舌音歌诀：

孙松思忖辞藻，宗泽则在搓草。

蔡祖所思采桑，曹素造锁则错。

崔四遂唆索财，参赞猝挫贼子。

曾兹斯次窜散，尊叟从此色苍。

姊随嫂，操作早；曾撕笋，才擦灶。

崔锁仓，速采桑；蚕丝足，村凑足。

贼作祟，钻自私；罪责足，总送死。

曹祖搓草索，孙子坐在左。

此次最粗糙，匆匆总搓错。

藏僧宿四寺，岁岁自洒扫。

择粟做素餐，松侧栽棕枣。

练一练 ▼

1. 听读。

zh—zh—zh—zh—z—zh—zh

ch—ch—ch—ch—c—ch—ch

sh—sh—sh—sh—s—sh—sh

zh—ch—sh—r—z—ch—sh

sh—zh—ch—r—c—sh—zh

2. 读词语。

z—栽赃 zāizāng	粽子 zòngzi	自责 zìzé
c—匆匆 cōngcōng	猜测 cāicè	仓促 cāngcù
s—诉讼 sùsòng	色素 sèsù	随俗 suísú
zh—专注 zhuānzhù	挣扎 zhēngzhá	症状 zhèngzhuàng
ch—踌躇 chóuchú	惆怅 chóuchàng	出差 chūchāi
sh—时尚 shíshàng	舒适 shūshì	属实 shǔshí
r—容忍 róngrěn	融入 róngrù	软弱 ruǎnruò

3. 听辨对比。

粗布—初步	制止—字纸	阻力—主力
自学—治学	新村—新春	商业—桑叶
杂草—铡草	支援—资源	木材—木柴
私人—诗人	早稻—找到	事迹—四季
推迟—推辞	厮守—失手	卒子—竹子

棉籽—棉纸　　　师长—司长　　　暂时—战时
乱草—乱吵　　　札记—杂技　　　肃立—树立
收集—搜集　　　照旧—造就　　　酥松—疏松
遭了—招了　　　五岁—午睡　　　诗文—斯文
山脚—三角　　　诉说—述说　　　数目—肃穆

4. 交替对比。

z—zh	组织	阻止	宗旨	租住	组长	作战	自助	资质	自制
zh—z	周遭	肘子	转载	种子	赈灾	正宗	整租	制造	栀子
c—ch	操场	菜场	粗茶	蹿出	裁成	猜出	采茶	测出	擦车
ch—c	储存	出彩	成才	川菜	初次	差错	柴草	冲刺	尺寸
s—sh	四书	丧生	随时	私塾	诉说	宿舍	所属	所述	三十
sh—s	输送	栓塞	山色	失散	哨所	疏松	伸缩	申诉	世俗

3. 读准 f 与 h

练一练 ▼

1. 读词语。

f—吩咐　放飞　伏法　复发　发福　防风　分发　福分　非法　发疯　发愤
h—槐花　坏话　黄昏　后悔　回合　呵护　合伙　荷花　花卉　互换　挥霍

2. 听辨对比。

贩米—换米　防止—黄纸　公费—工会　俯视—虎视　浮筒—胡同
反击—还击　花生—发生　凡是—环视　护养—抚养　方圆—荒原
翻腾—欢腾　富丽—互利　绘画—废话　航空—防控　幅度—弧度

3. 交替对比。

| f—h | 负荷 | 符号 | 分红 | 封号 | 防火 | 复核 | 烽火 | 反悔 | 风华 | 番号 |
| h—f | 合肥 | 回访 | 横幅 | 汉服 | 画风 | 回放 | 耗费 | 寒风 | 护发 | 祸福 |

4.读准 j、q、x 与 z、c、s，分清 j、q、x 与 g、k、h

练一练 ▼

1. 读词语。

j—剪辑	将就	竞技	结局	拮据	借据	即将	讲解	纠结	交接	竭尽
z—自足	栽赃	钻子	藏族	遭罪	自在	罪责	总则	粽子	宗族	走姿
q—蹊跷	全球	气球	悄悄	亲切	侵权	全勤	亲戚	期权	清泉	祈求
c—测出	猜测	璀璨	催促	参差	残存	层次	仓促	苍翠	此次	摧残
x—肖像	潇湘	线下	谢谢	信息	形象	新鲜	细心	选项	乡下	湘西
s—洒扫	色素	瑟瑟	诉讼	三岁	笋丝	思索	撕碎	素色	松散	搜索

2. 听辨对比。

资金—基金　积极—自己　稀奇—私企　私心—悉心　气数—次数

大戏—大肆　瓷器—其次　机器—紫气　三维—纤维　奇趣—辞去

3. 词语混合练习。

街巷　首届　积蓄　陷害　介绍　敲碎　供给　技巧　司机　闲暇　清新

高兴　世界　惊吓　睡觉　咸菜　苋菜　机械　祭祖　开启　行距　词汇

5.分清声母不同的多音字的字音

练一练 ▼

1. 词语对比。

区 { ōu　区（姓）
　　qū　区分　区别　小区　地区　郊区　开发区

夹 { gā　夹肢窝
　　jiā　夹子　夹克　夹层　夹心　夹杂　夹板
　　jiá　夹袄　夹被

纤 { xiān　纤细　纤维　纤弱　纤柔　纤巧
　　qiàn　纤夫　纤绳

给 { gěi　给他
　　jǐ　给予

似 { sì　似乎　相似
　　shì　似的

$$
拗 \begin{cases} niù & 执拗 \quad 脾气很拗 \\ ào & 拗口 \quad 违拗 \quad 拗口令 \end{cases}
\qquad
沓 \begin{cases} dá & 一沓纸 \\ tà & 杂沓 \quad 拖沓 \quad 纷至沓来 \end{cases}
$$

2. 听辨对比。

chóu　qiú 仇敌—仇（姓）	pián　biàn 大腹便便—便宜行事	bǎo　pù 堡垒—堡（地名用字）
jiǎ　　gǔ 贾（姓）—商贾		
cháo　zhāo 朝向—朝气	cuán　zǎn 攒动—积攒	cáng　zàng 躲藏—宝藏
dàn　tán 弹药—弹簧	bàng　páng 磅秤—磅礴	diào　tiáo 调查—调整
bǎng　páng 臂膀—膀胱	mì　bì 秘密—秘鲁	pá　bà 钉耙—耙地
píng　bǐng 屏风—屏息	qí　jī 奇妙—奇数	quān　juàn 圈套—圈养
shěng　xǐng 省略—省亲	sì　cì 伺机—伺候	sì　shì 好似—似的
tí　dī 提供—提防	xiān　qiàn 纤维—拉纤	xíng　háng 行为—行业
chòu　xiù 臭气—乳臭	chuán　zhuàn 传奇—传记	chā　cī 差别—参差
cān　shēn 参谋—人参	chóng　zhòng 重新—重心	chán　shàn 坐禅—禅让
kā　gā 咖啡—咖喱	jiàng　xiáng 降温—投降	qié　jiā 茄子—雪茄
xiào　jiào 校园—校正	xì　jì 系统—系上	jiě　xiè 解脱—解（姓）

3. 词语混合练习。

商埠　哺育　蹒跚　陌生　束缚　讣告　诅咒　酿造　奴隶　浣纱　秦桧

发酵　侥幸　缄默　囚犯　泅渡　酋长　械斗　奚落　溪流　羡慕　翩跹

肇事　撰写　编纂　尝新　豆豉　抽搐　渗透　缜密　谨慎　绥靖　麦穗

汲取　蜷缩　贮备

任务二
认识普通话韵母

　　韵母是指汉字音节中除声母和声调以外的部分。例如，"fēng"（风）这个音节中，f是声母，eng就是此音节的韵母。又如，"āi"（哎）这个音节只有韵母ai，没有声母，叫零声母音节。普通话中共有39个韵母，主要由元音构成。韵母由韵头、韵腹、韵尾三部分构成。韵头一般由i、u、ü担任；韵腹由普通话的10个单元音韵母担任，它们是a、o、e、ê、i、u、ü、-i（前）、-i（后）、er；韵尾分别由元音i、u（o）和辅音n、ng担任。

　　很多同学的发音，乍一听接近普通话，但仔细听就能听出与普通话的区别，有很大一部分是因为韵母发音不准确。韵母发音直接影响着讲普通话时字音的准确性。要发准韵母音，就应了解韵母的发音特点，掌握韵母发音的基本规律，把握住韵母发音时口型、舌位与气流的相互关系。图3-11所示为元音发音舌位示意图。普通话韵母总表见表3-2。

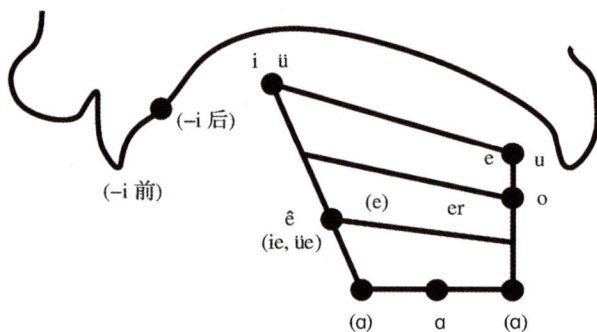

图3-11　元音发音舌位示意图

表3-2　普通话韵母总表

类别	开口呼	齐齿呼	合口呼	撮口呼
单韵母	-i	i	u	ü
	a			
	o			
	e			

续表

类别	开口呼	齐齿呼	合口呼	撮口呼
单韵母	ê			
	er			
复韵母		ia	ua	
			uo	
		ie		üe
	ai		uai	
	ei		uei	
	ao	iao		
	ou	iou		
鼻韵母	an	ian	uan	üan
	en	in	uen	ün
	ang	iang	uang	
	eng	ing	ueng	
			ong	iong

一、单韵母（单元音）的发音

由一个元音构成的韵母叫单韵母，又叫单元音韵母。普通话中，单韵母共有 10 个：a、o、e、ê、i、u、ü、-i（前）、-i（后）、er。可分为舌面韵母 a、o、e、ê、i、u、ü，舌尖韵母 -i（前）、-i（后）和卷舌韵母 er。单韵母是所有韵母的基础，其发音状况如下。

a 舌面、央、低、不圆唇元音。发音时，口腔大开，舌头居中，舌位低，嘴唇展开。

阿妈 āmā　　　砝码 fǎmǎ　　　大厦 dàshà　　　哪怕 nǎpà

杂沓 zátà　　　发扬 fāyáng　　　卡车 kǎchē　　　拖拉 tuōlā

o 舌面、后、半高、圆唇元音。发音时，口腔半合，舌头后缩，舌位半高，嘴唇拢圆。

饽饽 bōbo　　　泼墨 pōmò　　　婆婆 pópo　　　默默 mòmò

磨破 mópò   波动 bōdòng   击破 jīpò   沉没 chénmò

e 舌面、后、半高、不圆唇元音。发音状况大体像 o，只是双唇自然展开，呈扁形。

特色 tèsè   隔阂 géhé   苛刻 kēkè   舍得 shěde

塞责 sèzé   策略 cèlüè   哲理 zhélǐ   木讷 mùnè

> **小贴士▼**
>
> ▶ **单元音发音要点**
>
> 同学们，单元音发音要点是口型要正确，发音要单纯。不知道大家有没有发现，在单韵母发音过程中，口型自始至终不变，舌位不移动。发出来的音要吐字如珠，一个就是一个，不能拖泥带水。

ê 舌面、前、半低、不圆唇元音。发音时，声带振动，软腭上抬，关闭鼻腔通路，口腔自然打开。这是一个自成音节，仅仅用于"欸"。不过"欸"的发音并不稳定，有时候是复合元音。

> **小贴士▼**
>
> ▶ ê
>
> ê做单元音韵母仅仅用于"欸"，但韵母 ie、üe 中的 e 实际发的是 ê 的音。

i 舌面、前、高、不圆唇元音。发音时，口腔开度很小，舌头前伸，前舌面上升，接近硬腭，气流通路狭窄，但不发生摩擦，嘴角向两边展开，呈扁平状。

鼻涕 bítì   密集 mìjí   嫡系 díxì   体力 tǐlì

洗涤 xǐdí   批发 pīfā   题海 tíhǎi   甜蜜 tiánmì

u 舌面、后、高、圆唇元音。发音时，口腔开度很小，舌头后缩，后舌面上升，接近软腭，气流通路狭窄，但不发生摩擦，嘴唇拢圆成一个小孔。

补足 bǔzú   目录 mùlù   独著 dúzhù   突兀 tūwù

古书 gǔshū　　　　呼吁 hūyù　　　　腐败 fǔbài　　　　攻读 gōngdú

ü　舌面、前、高、圆唇元音。发音时，口腔开度很小，舌头前伸，前舌面上升，接近硬腭，气流通过时不发生摩擦，嘴唇拢圆成一个小孔。发音情况和 i 基本相同，区别是发 ü 音时嘴唇是圆的，发 i 音时嘴唇是扁的。

雨具 yǔjù　　　　旅居 lǚjū　　　　局域 júyù　　　　曲剧 qǔjù

须臾 xūyú　　　　取消 qǔxiāo　　　许诺 xǔnuò　　　隐居 yǐnjū

-i（前）　舌尖前、高、不圆唇元音。发音时，舌尖前伸，对着上齿背形成狭窄的通道，气流通过时不发生摩擦，嘴唇向两边展开。用普通话念"私"并延长，字音后面的部分便是 -i（前）。这个韵母只跟 z、c、s 相拼，不和其他声母相拼，也不能自成音节。

子嗣 zǐsì　　　　此次 cǐcì　　　　姿态 zītài　　　　瓷器 cíqì

汉字 hànzì　　　　因此 yīncǐ　　　相似 xiāngsì　　　四次 sìcì

-i（后）　舌尖后、高、不圆唇元音。发音时，舌尖上翘，对着硬腭形成狭窄的通道，气流通过时不发生摩擦，嘴角向两边展开。用普通话念"师"并延长，字音后面的部分便是 -i（后）。这个韵母只跟 zh、ch、sh、r 相拼，不和其他声母相拼，也不能自成音节。

地址 dìzhǐ　　　　迟滞 chízhì　　　实施 shíshī　　　史诗 shǐshī

日志 rìzhì　　　　指挥 zhǐhuī　　　口吃 kǒuchī　　　可是 kěshì

er　卷舌、央、中、不圆唇元音。er 是卷舌元音，发音时，口腔半开，开口度比 ê 略小，舌位居中，稍后缩，唇形不圆。在发 e 的同时，舌尖向硬腭轻轻卷起，不是先发 e，然后卷舌，而是发 e 的同时舌尖卷起。er 中的 r 不代表音素，只是表示卷舌动作的符号。er 只能自成音节，不和任何声母相拼。

儿歌 érgē　　　　耳力 ěrlì　　　　耳鸣 ěrmíng　　　二胡 èrhú

然而 rán'ér　　　中耳 zhōng'ěr　　偶尔 ǒu'ěr　　　婴儿 yīng'ér

二、复韵母（复合元音）的发音

由两个或三个元音结合而成的韵母叫复韵母。普通话共有 13 个复韵母：ai、ei、ao、ou、ia、ie、ua、uo、üe、iao、iou、uai、uei。

根据主要元音所处的位置，复韵母可分为前响复韵母、后响复韵母和中响复韵母。

在念复韵母时，舌头要由第一个元音的位置向第二个元音的位置滑动，即要有动程，如 ei，是舌头从 e 的位置向 i 的方向滑动，口型要有变化，变化要和谐、自然。在发音过程中，每个元音的发音分量并不相等，其中只能有一个主要元音，即韵腹，它是这个韵母的重心，这部分要发得长些、重些，比较响亮、清晰。发音结束时要特别注意，归音要到最后一个音的位置。鼻韵母的发音方法和复韵母的发音方法基本一样，只是发音结束时的尾音都归在鼻韵尾 n 和 ng 上。

（一）前响复韵母 ai、ei、ao、ou 的发音

它们共同的发音特点是前一个元音念得清晰响亮，后一个元音念得轻短模糊，后者音值不太固定，主要表示舌位滑动的方向。

ai　发音时，先发 a，这里的 a 舌位靠前，要念得长而响亮，然后舌位向 i 的方向移动，只是不到 i 的高度。i 表示舌位移动的方向，音短而模糊。

拍卖 pāimài	抬爱 tái'ài	海带 hǎidài	灾害 zāihài
迈步 màibù	来往 láiwǎng	涂改 túgǎi	暴晒 bàoshài

ei　发音时，先发 e，比单念 e 时舌位靠前一点，这里的 e 是中央元音，然后向 i 的方向滑动。

北非 běifēi	茶杯 chábēi	黑莓 hēiméi	培养 péiyǎng
傀儡 kuǐlěi	梅花 méihuā	陪伴 péibàn	作废 zuòfèi

ao　发音时，先发 a，这里的 a 舌位靠后，是后元音，要发得响亮，接着向 o 的方向滑动。

包抄 bāochāo	冒号 màohào	淘宝 táobǎo	号召 hàozhào
困扰 kùnrǎo	起草 qǐcǎo	劳驾 láojià	抛弃 pāoqì

ou　发音时，先发 o，接着向 u 的方向滑动，舌位不到 u 的位置即停止发音。

欧洲 ōuzhōu	口头 kǒutóu	丑陋 chǒulòu	高楼 gāolóu
否则 fǒuzé	报仇 bàochóu	紧凑 jǐncòu	后辈 hòubèi

（二）后响复韵母 ia、ie、ua、uo、üe 的发音

它们共同的发音特点是前面的元音念得轻短，主要表示舌位从那里开始移动，后面的元音念得清晰响亮。

ia　发音时，i 表示舌位起始的地方，念得轻短，很快滑向央低元音 a，a 念得长而响亮。

压价 yājià	朝霞 zhāoxiá	亚洲 yàzhōu	压轴 yāzhòu
参加 cānjiā	价钱 jiàqián	假牙 jiǎyá	下压 xiàyā

ie　发音时，先发 i，然后很快地发 ê，前音念得轻短，后音念得响亮。

爷爷 yéye	喋喋 diédié	谢谢 xièxie	劣势 lièshì
别离 biélí	番茄 fānqié	皮鞋 píxié	理解 lǐjiě

ua　发音时，u 念得轻短，很快滑向 a 的方向，a 念得清晰响亮。

娃娃 wáwa	刮花 guāhuā	画画 huàhuà	耍滑 shuǎhuá
电话 diànhuà	洗刷 xǐshuā	青蛙 qīngwā	花袜 huāwà

uo　发音时，u 念得轻短，舌位很快降到 o 的位置，o 念得清晰响亮。

堕落 duòluò	火锅 huǒguō	硕果 shuòguǒ	脱离 tuōlí
懦夫 nuòfū	工作 gōngzuò	假若 jiǎruò	鸟窝 niǎowō

üe　发音时，先发高元音 ü，ü 念得轻短，舌位很快降到 ê 的位置，ê 念得清晰响亮。

约略 yuēlüè	绝学 juéxué	雀跃 quèyuè	决绝 juéjué
剥削 bōxuē	感觉 gǎnjué	绝对 juéduì	确实 quèshí

注意：后响复韵母在自成音节时，韵头 i、u、ü 要改写成 y、w、yu。

（三）中响复韵母 iao、iou、uai、uei 的发音

它们共同的发音特点是前面的元音念得轻短，后面的元音念得含混，二者的音值都不太固定，主要表示舌位滑动的方向，中间的元音念得清晰响亮。

iao　发音时，先发 i，紧接着发 ao，使三个元音结合成一个整体。

窈窕 yǎotiǎo	缥缈 piāomiǎo	吊桥 diàoqiáo	调料 tiáoliào
藐视 miǎoshì	尿素 niàosù	钟表 zhōngbiǎo	围剿 wéijiǎo

iou　发音时，先发 i，紧接着发 ou，紧密结合成一个复韵母。

悠久 yōujiǔ	酒友 jiǔyǒu	久留 jiǔliú	纽扣 niǔkòu
柳树 liǔshù	篮球 lánqiú	腐朽 fǔxiǔ	念旧 niànjiù

uai　发音时，先发 u，紧接着发 ai，使三个元音结合成一个整体。

外踝 wàihuái	乖乖 guāiguāi	摔坏 shuāihuài	外快 wàikuài

损坏 sǔnhuài   例外 lìwài   飞快 fēikuài   淮北 huáiběi

uei 发音时，先发 u，紧接着发 ei，紧密结合成一个整体。

尾随 wěisuí   光辉 guānghuī   摧毁 cuīhuǐ   垂危 chuíwēi

水位 shuǐwèi   规定 guīdìng   溃疡 kuìyáng   领队 lǐngduì

小贴士 ▼

▶ **汉字发音训练要求**

中响复韵母在自成音节时，韵头 i、u 改写成 y、w。复韵母 iou、uei 前面加声母的时候，要省写成 iu、ui，如 liu、gui 等。

发音时应该尽量将每个汉字的发音过程处理成"枣核形"，以声母或者韵头为一端，以韵尾为另一端，以韵腹为核心。达到枣核形的状态是让自己的普通话纯正的关键，但是不要片面强调字字如核，这样就违背了语言交流的本质，只追求技巧和方法，就削弱了声音的感情色彩，破坏了语言的节奏。一个汉字的音程很短，大多在三分之一秒。要在短短的时间内兼顾声、韵、调和吐字归音，必须从日常训练开始严格要求：①出字——叼住字头。要求声母的发音部位准确、弹发有力。②立字——拉开立起。要求将韵腹拉开立起，做到"开口音稍闭，闭口音稍开"。③归音——弱收到位。干净利落，不可拖泥带水。i、u、n、ng 等做韵尾时，要注意口型的变化。图 3-12 所示为训练要求。

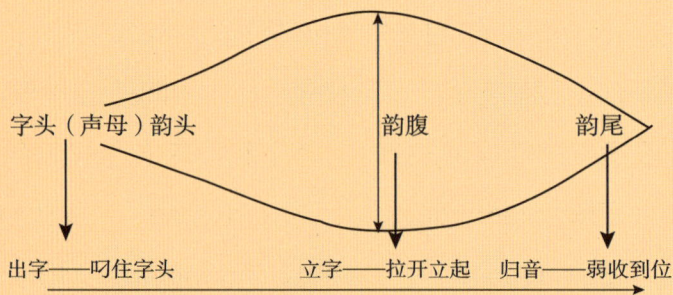

字头（声母）韵头   韵腹   韵尾

出字——叼住字头   立字——拉开立起   归音——弱收到位

图 3-12 训练要求

三、鼻韵母的发音

一个或两个元音后面带上鼻辅音构成的韵母叫鼻韵母。鼻韵母共有 16

个：an、en、in、ün、ian、uan、üan、uen、ang、eng、ing、ong、iang、uang、ueng、iong。

（一）前鼻韵母

前鼻韵尾 n 与声母 n 的发音部位相同，即舌尖抵住上齿龈；区别在于声母 n 要除阻，韵尾 n 不除阻。

an　发音时，先发 a，然后舌尖向上齿龈移动，最后抵住上齿龈，发前鼻音 n。

斑斓 bānlán	蹒跚 pánshān	贪婪 tānlán	勘探 kāntàn
干劲 gànjìn	含蓄 hánxù	平安 píng'ān	浅滩 qiǎntān

en　发音时，先发 e，然后舌尖向上齿龈移动，抵住上齿龈，发鼻音 n。

恩人 ēnrén	门诊 ménzhěn	愤恨 fènhèn	根本 gēnběn
恳求 kěnqiú	怎样 zěnyàng	灰尘 huīchén	认真 rènzhēn

in　发音时，先发 i，然后舌尖向上齿龈移动，抵住上齿龈，发鼻音 n。

音频 yīnpín	濒临 bīnlín	紧邻 jǐnlín	亲信 qīnxìn
辛勤 xīnqín	品种 pǐnzhǒng	敏锐 mǐnruì	钢琴 gāngqín

ün　发音时，先发 ü，然后舌尖向上齿龈移动，抵住上齿龈，气流从鼻腔通过。

芸芸 yúnyún	均匀 jūnyún	逡巡 qūnxún	熏熏 xūnxūn
均码 jūnmǎ	驯鹿 xùnlù	怀孕 huáiyùn	功勋 gōngxūn

ian　发音时，先发 i，i 念得轻短，接着发 an，i 与 an 结合成一个整体。

演变 yǎnbiàn	编年 biānnián	绵延 miányán	惦念 diànniàn
浅显 qiǎnxiǎn	镰刀 liándāo	鉴于 jiànyú	金钱 jīnqián

uan　发音时，先发 u，紧接着发 an，u 与 an 结合成一个整体。

婉转 wǎnzhuǎn	贯穿 guànchuān	换算 huànsuàn	专断 zhuānduàn
传唤 chuánhuàn	宽松 kuānsōng	软件 ruǎnjiàn	千万 qiānwàn

üan　发音时，先发 ü，紧接着发 an，ü 与 an 结合成一个整体。

渊源 yuānyuán	圆圈 yuánquān	涓涓 juānjuān	源泉 yuánquán
全权 quánquán	捐赠 juānzèng	劝说 quànshuō	公园 gōngyuán

uen　发音时，先发 u，紧接着发 en，u 与 en 结合成一个整体。

温顺 wēnshùn   论文 lùnwén   困顿 kùndùn   混沌 hùndùn

囤积 túnjī   轮番 lúnfān   库存 kùcún   缺损 quēsǔn

小贴士▼

▶ **uen 的拼写规则**

uen 跟声母相拼时，省写作 un，如 lún（伦）、chūn（春）等。uen 自成音节时，仍按照拼写规则，写作 wen，如 wēn（温）等。

（二）后鼻韵母

后鼻韵尾 ng 与声母 g、k、h 发音成阻的部位相同，即舌根抵住软腭；区别在于 ng 是浊鼻音，发音时软腭下垂，气流振动声带，从鼻腔通过，没有除阻过程。

ang   发音时，先发 a，然后舌头逐渐后缩，舌根抵住软腭，气流从鼻腔通过。

盲肠 mángcháng   螳螂 tángláng   沧桑 cāngsāng

烫伤 tàngshāng   账房 zhàngfáng   昂首 ángshǒu

eng   发音时，先发 e，然后舌根向软腭移动，抵住软腭，气流从鼻腔通过。

萌生 méngshēng   丰盛 fēngshèng   冷风 lěngfēng

吭声 kēngshēng   抨击 pēngjī   藤萝 téngluó

ing   发音时，先发 i，然后舌头后缩，舌根抵住软腭，发后鼻音 ng。

平静 píngjìng   命令 mìnglìng   定性 dìngxìng

精灵 jīnglíng   庆幸 qìngxìng   萦绕 yíngrào

ong   发音时，舌根抬高抵住软腭，发后鼻音 ng。

通融 tōngróng   浓重 nóngzhòng   总统 zǒngtǒng

从容 cóngróng   松动 sōngdòng   鲜红 xiānhóng

iang   发音时，先发 i，接着发 ang，结合成一个整体。

镶嵌 xiāngqiàn   香甜 xiāngtián   想念 xiǎngniàn

两面 liǎngmiàn   量变 liàngbiàn   强项 qiángxiàng

uang　发音时，先发 u，接着发 ang，由 u 和 ang 紧密结合而成。

光环 guānghuán　　　　狂欢 kuánghuān　　　　双关 shuāngguān

壮观 zhuàngguān　　　　王冠 wángguān　　　　窗框 chuāngkuàng

ueng　发音时，先发 u，接着发 eng，由 u 和 eng 紧密结合而成。ueng 自成音节，不和声母相拼，写成 weng，调号标在 e 上。

老翁 lǎowēng　　　　嗡嗡声 wēngwēngshēng

请君入瓮 qǐngjūn-rùwèng

iong　发音时，先发 i，接着发 ong，结合成一个整体。

汹涌 xiōngyǒng　　　　窘境 jiǒngjìng　　　　穷凶极恶 qióngxiōng-jí'è

四、常见的韵母发音错误和缺陷

（一）常见的韵母发音错误

1.前后鼻韵母不分

通常将后鼻韵母 ing、eng 读成前鼻韵母 in、en，如将生成（shēngchéng）读成深沉（shēnchén）；也有把 ing 读成 en、ün 的，如将硬（yìng）读成"èn"，将营（yíng）读成"yún"；还有把 eng 读成 ong 的，如将梦（mèng）、朋（péng）读成"mòng""póng"。

技巧：发 in 时，应先发 i，紧接着舌尖向上齿龈移动并轻轻抵住；而 ing 的发音是在发 i 后紧接着舌根向软腭移动并抵住它。

2.把韵母 e 读成 ê 或 o

四川方言中没有韵母 e，四川人常把它读成 ê 或 o，如将客车（kèchē）、特色（tèsè）读成"kêcê""têsê"，将可乐（kělè）、河里（hélǐ）读成"kǒlò""hólǐ"。

技巧：发 o 时，舌头后缩，舌位升高，嘴唇拢圆。发 e 时也是舌头后缩，舌位升高，但双唇自然展开，呈扁形。

3.复韵母单音化

四川方言中没有 uo，普通话中的韵母 uo，被四川人读成了 o，如将过错（guòcuò）读成"gòcò"；普通话中的韵母 ai、ei，四川人常读成单韵母 ê，如将黑白（hēibái）读成"hêbê"，等等。

技巧：发 uo 时，先发 u，口型由合口 u 向 o 滑动。

4. 有无韵头的韵母相混

第一种情况是将普通话中的韵头丢失，如将韵头 u 丢失，将孙（sūn）、存（cún）读成"sēn""cén"，将打乱（dǎluàn）读成"dǎlàn"；第二种情况是在普通话的韵母前面加上一个韵头，如将雷（léi）、贼（zéi）读成"luí""zuí"。

5. 齐撮相混

常见的是将撮口呼韵母念成齐齿呼韵母，如将地区（dìqū）读成"dìqī"。

（二）常见的韵母发音缺陷

1. 单韵母中舌面元音位置不准

央元音 a，后元音 o、u 等发音太过靠前。开口呼韵母开口度明显不够。

技巧：改变四川方言发音位置普遍靠前的习惯，打开口腔后部。

2. 单韵母音节唇形发生变化

例如，将跑步（pǎobù）读成"pǎobuò"，将金鱼（jīnyú）读成"jīnyué"。

技巧：发单韵母音节时唇形保持不变。

3. 圆唇度不够

合口呼、撮口呼韵母发音时圆唇度明显不够，且过于靠前，如 ou（时候、都有），iu（优秀、求救）。

4. 复韵母舌位动程不明显，归音不到位

发复韵母 ai、ei、ui、ao 等时虽没发成单韵母，但舌位动程明显不够，归音不到位。

5. 前鼻韵母和后鼻韵母发音不到位

前鼻韵母发音常见的缺陷是 an、ian、uan、üan 等韵母，舌面前部只向韵尾方向移动，但未归音至 n，因此听起来没有鼻音。后鼻韵母发音常见的缺陷是口腔后部未打开，发音不够饱满，或发音太过。例如，将英（yīng）读成"yiēng"就是发音太过的情况。

五、韵母发音辨正

（一）单韵母发音辨正

1. i、ü 对比辨音练习

生育（yù）—生意（yì）　　　　　居（jū）住—记（jì）住

聚（jù）会—忌（jì）讳　　　　取（qǔ）名—起（qǐ）名

于（yú）是—仪（yí）式　　　　名誉（yù）—名义（yì）

遇（yù）见—意（yì）见　　　　舆（yú）论—议（yì）论

美育（yù）—美意（yì）　　　　姓吕（lǚ）—姓李（lǐ）

雨（yǔ）具—以（yǐ）及　　　　区（qū）域—歧（qí）义

2. 读准 i 和 ü

继续（jìxù）　纪律（jìlǜ）　　谜语（míyǔ）　体育（tǐyù）　例句（lìjù）

履历（lǚlì）　语气（yǔqì）　　距离（jùlí）　曲艺（qǔyì）　具体（jùtǐ）

比喻（bǐyù）　与其（yǔqí）　　寄语（jìyǔ）　一律（yīlǜ）　预计（yùjì）

羽翼（yǔyì）　抑郁（yìyù）　　雨季（yǔjì）　聚集（jùjí）　急剧（jíjù）

3. 读准 e 和 o

脖（bó）子　婆（pó）婆　　蘑（mó）菇　鸟窝（wō）　伯（bó）父

哥（gē）哥　天鹅（é）　　河（hé）水　毒蛇（shé）　记者（zhě）

叵测（pǒcè）波折（bōzhé）　恶魔（èmó）　刻薄（kèbó）　河坡（hépō）

读一读 ▼

鹅过河

　　哥哥弟弟坡前坐，坡上卧着一只鹅，坡下流着一条河。哥哥说："宽宽的河。"弟弟说："肥肥的鹅。"鹅要过河，河要渡鹅。不知是鹅过河，还是河渡鹅。

（二）复韵母发音辨正

1. 读准 ai 和 ei

白费（báifèi）　败北（bàiběi）　栽培（zāipéi）　败类（bàilèi）

海内（hǎinèi）　悲哀（bēi'āi）　黑白（hēibái）　擂台（lèitái）

内海（nèihǎi）　内债（nèizhài）

2. 读准 ao 和 ou

保守（bǎoshǒu）刀口（dāokǒu）稿酬（gǎochóu）毛豆（máodòu）

矛头（máotóu）酬劳（chóuláo）逗号（dòuhào）漏勺（lòusháo）

柔道（róudào）　手套（shǒutào）

3. 读准 ia 和 ie

家业（jiāyè）　　佳节（jiājié）　　假借（jiǎjiè）　　嫁接（jiàjiē）

接洽（jiēqià）　　野鸭（yěyā）　　截下（jiéxià）　　跌价（diējià）

4. 读准 ie 和 üe

解决（jiějué）　　竭蹶（jiéjué）　　谢绝（xièjué）　　灭绝（mièjué）

月夜（yuèyè）　　确切（quèqiè）　　学业（xuéyè）　　决裂（juéliè）

5. 读准 ua 和 uo、o

花朵（huāduǒ）　　话说（huàshuō）　　划拨（huàbō）　　华佗（huàtuó）

帛画（bóhuà）　　国画（guóhuà）　　火花（huǒhuā）　　说话（shuōhuà）

6. 读准 iao 和 iou

交流（jiāoliú）　　娇羞（jiāoxiū）　　料酒（liàojiǔ）　　校友（xiàoyǒu）

要求（yāoqiú）　　丢掉（diūdiào）　　柳条（liǔtiáo）　　牛角（niújiǎo）

袖标（xiùbiāo）　　油条（yóutiáo）

7. 读准 uai 和 uei

怪罪（guàizuì）　　快慰（kuàiwèi）　　快嘴（kuàizuǐ）　　衰退（shuāituì）

外汇（wàihuì）　　对外（duìwài）　　鬼怪（guǐguài）　　追怀（zhuīhuái）

毁坏（huǐhuài）　　摔碎（shuāisuì）

（三）鼻韵母发音辨正

1. an、ang 对比辨音练习

反（fǎn）问—访（fǎng）问　　　　　一半（bàn）——磅（bàng）

担（dān）心—当（dāng）心　　　　　烂漫（lànmàn）—浪漫（làngmàn）

赞（zàn）礼—葬（zàng）礼　　　　　战（zhàn）防—账（zhàng）房

赏（shǎng）光—闪（shǎn）光　　　　冉冉（rǎn）—攘攘（rǎng）

土壤（rǎng）—涂染（rǎn）　　　　　张（zhāng）贴—粘（zhān）贴

2. 读准 an 和 ang

担当（dāndāng）　　班长（bānzhǎng）　　繁忙（fánmáng）

反抗（fǎnkàng）　　擅长（shàncháng）　　商贩（shāngfàn）

当然（dāngrán）　　傍晚（bàngwǎn）　　账单（zhàngdān）

方案（fāng'àn）

3. 读准 ian 和 iang

演讲（yǎnjiǎng）　　　现象（xiànxiàng）　　　坚强（jiānqiáng）

绵羊（miányáng）　　　岩浆（yánjiāng）　　　镶嵌（xiāngqiàn）

香甜（xiāngtián）　　　想念（xiǎngniàn）　　　两面（liǎngmiàn）

量变（liàngbiàn）　　　边疆（biānjiāng）　　　勉强（miǎnqiǎng）

4. 读准 uan 和 uang

观光（guānguāng）　　　宽广（kuānguǎng）　　　观望（guānwàng）

万状（wànzhuàng）　　　端庄（duānzhuāng）　　　光环（guānghuán）

狂欢（kuánghuān）　　　双关（shuāngguān）　　　谎话（huǎnghuà）

王冠（wángguān）　　　壮观（zhuàngguān）

5. en、eng 对比辨音练习

瓜分（fēn）—刮风（fēng）　　　吩（fēn）咐—丰（fēng）富

绅（shēn）士—声（shēng）势　　　诊（zhěn）治—整（zhěng）治

陈（chén）旧—成（chéng）就　　　乘（chéng）风—晨（chén）风

同门（mén）—同盟（méng）　　　花盆（pén）—花棚（péng）

出生（shēng）—出身（shēn）　　　粉（fěn）刺—讽（fěng）刺

正（zhèng）中—震（zhèn）中　　　分针（fēnzhēn）—风筝（fēngzheng）

审（shěn）视—省（shěng）市　　　深沉（shēnchén）—生成（shēngchéng）

深耕（shēngēng）—生根（shēnggēn）

6. 读准 en 和 eng

真诚（zhēnchéng）　　　本能（běnnéng）　　　奔腾（bēnténg）

神圣（shénshèng）　　　人生（rénshēng）　　　成本（chéngběn）

承认（chéngrèn）　　　风尘（fēngchén）　　　证人（zhèngrén）

登门（dēngmén）　　　诚恳（chéngkěn）　　　梦寐（mèngmèi）

7. in、ing 对比辨音练习

金银（jīnyín）—经营（jīngyíng）　　　亲近（qīnjìn）—清净（qīngjìng）

人民（mín）—人名（míng）　　　辛勤（qín）—心情（qíng）

不信（xìn）—不幸（xìng）　　　亲临（qīnlín）—轻灵（qīnglíng）

零（líng）时—临（lín）时　　　静（jìng）止—禁（jìn）止

谈情（qíng）—弹琴（qín）　　　印（yìn）象—映（yìng）象

冰（bīng）棺—宾（bīn）馆　　　　频频（pín）—平平（píng）

今（jīn）天—惊（jīng）天　　　　竞（jìng）赛—禁（jìn）赛

8. 读准 in 和 ing

心情（xīnqíng）　品行（pǐnxíng）　心灵（xīnlíng）　民兵（mínbīng）

金星（jīnxīng）　灵敏（língmǐn）　清音（qīngyīn）　平民（píngmín）

精心（jīngxīn）　定亲（dìngqīn）

六、韵母发音综合辨正

（一）字词综合辨正

或者（huòzhě）	过错（guòcuò）	绳索（shéngsuǒ）
错落（cuòluò）	卧室（wòshì）	挫折（cuòzhé）
尊敬（zūnjìng）	村庄（cūnzhuāng）	雷达（léidá）
轮船（lúnchuán）	蹲下（dūnxià）	吞没（tūnmò）
白菜（báicài）	北方（běifāng）	准备（zhǔnbèi）
黑白（hēibái）	雷电（léidiàn）	获奖（huòjiǎng）
括号（kuòhào）	眼泪（yǎnlèi）	捉贼（zhuōzéi）
麻雀（máquè）	飞跃（fēiyuè）	草药（cǎoyào）
准确（zhǔnquè）	剖析（pōuxī）	或者（huòzhě）
略微（lüèwēi）	贸易（màoyì）	钥匙（yàoshi）
烙印（làoyìn）	肋骨（lèigǔ）	脉搏（màibó）
麦苗（màimiáo）	软腭（ruǎn'è）	宽阔（kuānkuò）

（二）前后鼻韵母训练

1. in—ing 训练

禁（jìn）止—静（jìng）止　　　　今（jīn）昔—惊（jīng）悉

信（xìn）服—幸（xìng）福　　　　红心（xīn）—红星（xīng）

2. en—eng 训练

绅（shēn）士—声（shēng）势　　　　人参（shēn）—人生（shēng）

陈（chén）旧—成（chéng）就　　　　深（shēn）思—生（shēng）丝

3. 混合训练

清晨（qīngchén）　　阐明（chǎnmíng）　　省亲（xǐngqīn）

穷尽（qióngjìn）　　捧盆（pěngpén）　　英文（yīngwén）

分封（fēnfēng）　　猛奔（měngbēn）　　真正（zhēnzhèng）

深耕（shēngēng）　　诚恳（chéngkěn）　　病因（bìngyīn）

（三）绕口令

任命是任命，人名是人名，任命不能说成人名，人名也不能说成任命。

山前有个严圆眼，山后有个严眼圆，二人山前来比眼，不知是严圆眼的眼圆，还是严眼圆比严圆眼的眼圆。

磨坊磨墨，墨碎磨坊一磨墨；梅香添煤，煤爆梅香两眉灰。

老彭捧着一个盆，

路过老文干活儿的棚，

老文的棚碰了老彭的盆，

棚倒盆碎棚砸盆，

盆碎棚倒盆撞棚。

老彭要赔老文的棚，

老文要赔老彭的盆，

老文陪着老彭去买盆，

老彭陪着老文来修棚。

鹤　鹅　河

河上是坡，

坡下是河，

坡上立着一只鹅，

鹅低头望着一条河，

宽宽的河，肥肥的鹅，

鹅过河，河渡鹅，

河坡飞来丹顶鹤。

鹤望河与鹅。

小鹅笑呵呵，

不知是鹅过河，还是河渡鹅。

（四）短文

朋友和其他（节选）①

朋友即将远行。

暮春时节，又邀了几位朋友在家小聚。虽然都是极相熟的朋友，却是终年难得一见，偶尔电话里相遇，也无非是几句寻常话。一锅小米稀饭，一碟大头菜，一盘自家腌制的泡菜，一只巷口买回的烤鸭，简简单单，不像请客，倒像家人团聚。

其实友情也好，爱情也好，久而久之，都会转化为亲情。

说也奇怪，和新朋友会谈文学、谈哲学、谈人生道理，等等，和老朋友却只话家常，柴米油盐，细细碎碎，种种琐事。很多时候，心灵的契合已经不需要太多的言语来表达。

天有多高，地有多厚②

我国有句俗话叫"不知天高地厚"，比喻不了解事物的复杂性。然而，随着科学技术的飞速发展，"天高地厚"已不再神秘莫测。近年来，科学家们利用多种手段获得了较为精确的数据。

苏联的三位科学家曾乘坐特制的气球做过一次高空探测。据资料记载，在 8.6 千米以下，天空一直是湛蓝的；当气球升到 10.8 千米高空时，天空则呈暗蓝色；接近 18 千米高空时，由于空气异常稀薄，光线不再发生散射，天空则一片漆黑。所以，名副其实的"蓝天"高度，大约距地面仅有 10 千米。

地有多厚？根据人造卫星测定，位于南美厄瓜多尔的钦博拉索山是地壳最厚的地方。尽管其海拔只有 6310 米，但它靠近赤道。而地球赤道半径比两极半径长约 21 千米，所以它距地心比世界第一峰珠穆朗玛峰还多 2 千米。另据美国布朗大学和罗德岛大学科学家考察，在南美洲海岸外的大西洋底，沿大西洋中脊一条从北向南的裂缝中，发现地壳最薄处约 1.6 千米。经过科学家综合测算，地壳平均厚度 17 千米。如果从南极点挖一个洞，一直到北极点，这条隧道的总长度达 1.27 万千米。

---

① 李俊文：《播音主持艺考朗诵教程》2 版，98 页，北京，中国传媒大学出版社，2020。

② 人民教育出版社中学语文室：《听话和说话》，73~74 页，人民教育出版社，1998。有改动。

任务三
认识普通话声调

你知道什么是声调吗？

直接（zhíjiē）、肢解（zhījiě）、职介（zhíjiè）三个词，它们的共同点是音节的声母、韵母相同，但由于音节的音高变化不同而被区分为不同意义。由此可知，声调是指音节发音时具有表意功能的音高格式。

掌握好普通话的声调，取决于两个方面：一是能够读准普通话的调值，二是能够区分清楚普通话的调类。这里的调值是指声调的实际念法，即音节读音的高低升降、长短曲直的具体状况。调类就是指声调的种类。

中文中每个字的声调是我们说话时最易分辨的部分。

请读一读这两个词语：狮子、石子。你能听出它们的差别吗？

学习普通话，把声调读准至关重要。而学好普通话首先要注意的，也是较容易做到的就是读准声调。我们通过这个任务的学习应该掌握普通话四声的读法，熟练读准常用汉字的声调，并结合本地方言听辨调类，改换调值。

小贴士 ▼

▶ **声调的升降变化**

声调的音高是相对的，不是绝对的；声调的升降变化是滑动的，不是从一个音阶到另一个音阶的跳跃式移动。

一、普通话声调的调值

从图 3-13 中找出我们平时所说的"一声、二声、三声、四声"对应的是哪根箭头。

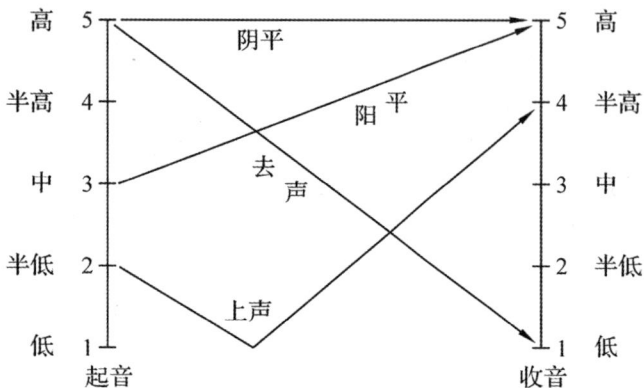

图 3-13 普通话声调的调值

你找对了吗？

我们平时所说的"一声、二声、三声、四声"是普通话声调中的四个基本调值，每个调值的音高情况可以用"五度标记法"加以具体描述。建立竖标，分为 5 度，最低为 1，最高为 5。普通话四个声调的基本调值情况如下。

一声：高平调（55），发音时，声带一直绷紧，音高始终保持在 5 度。发音高而平，如"妈、衣、呜、娇"等。用五度标记法来表示，就是从 5 到 5，写作 55。

青春光辉　春天花开　公司通知　新屋出租

二声：高升调（35），发音时，声带由不松不紧逐渐绷紧，直到很紧。音高由 3 度上升到 5 度，如"人、民、团、结"等。用五度标记法来表示，就是从 3 升到 5，写作 35。

人民银行　连年和平　农民犁田　圆形循环

三声：降升调（214），起音半低，先降后升，发音时，声带由略微紧张到松弛，又由松弛过渡到较紧。音高由 2 度降到 1 度再回升到 4 度，如"美、好、领、导"等。用五度标记法来表示，就是从 2 降到 1 再升到 4，写作 214。

彼此理解　理想美满　永远友好　管理很好

四声：全降调（51），起音高，接着往下滑，发音时，声带由紧张到完全松弛。音高由 5 度降到 1 度，如"下、路、正、对"等。用五度标记法来表示，就是从 5 降到 1，写作 51。

二、普通话声调的调类

普通话声调根据四个不同的基本调值，可以分为四个不同的调类，阴平（调值 55）、阳平（调值 35）、上声（调值 214）、去声（调值 51）。

在学习普通话的声调时，可以将普通话调类与方言调类进行比较，从而把握普通话声调的特点。

读一读▼

将方言声调转化为普通话声调

试着给下面的词语标注声调，再用自己习惯的方言读一读，试着标注一下方言所发出的声调，你在声调方面发现了什么？

教育　实用　训练　口语　四川　每天　窗帘　花朵　狗熊　牛奶

怎么样，找出来了吗？其实都是有规律的，方言不一样，规律也就不一样。

只要掌握这种规律，我们就可以根据自己的方言调类来推断某字在普通话里的声调。熟悉自己的方言声调并熟练地将之转换为普通话的声调，在学习普通话时就能达到事半功倍的效果。

三、声调训练

（一）单音节训练

按普通话四声的调值读出下面的音节：

ā 啊	á 啊	ǎ 啊	à 啊
shū 书	shú 熟	shǔ 属	shù 术
bāo 包	báo 薄	bǎo 宝	bào 抱
zhū 诸	zhú 竹	zhǔ 煮	zhù 祝
dī 滴	dí 敌	dǐ 抵	dì 第
shī 诗	shí 时	shǐ 史	shì 是

（二）读准字的声调

进行字的声调练习时要体会气息的运动：读阴平字，气息平稳；阳平上升时，气要拉住；读上声时，要体会气息的明显下沉；去声下降时，气要托住，口腔要有控制。

妈 麻 马 骂	坡 婆 叵 破	青 情 请 庆
香 翔 想 象	嘟 毒 赌 肚	知 职 止 志
夫 服 俯 复	抛 袍 跑 泡	蛙 娃 瓦 袜
欢 环 缓 幻	乌 无 舞 误	秧 扬 养 样

（三）多音节词语练习

1. 读准下列词语的声调

全身　断层　允许　障碍　坏人　愉快　打算　来临　侦查

灭亡　仍然　虐待　挫折　压迫　至今　减轻　罪恶　作用

教训　签订　告诉　黑夜　唱歌　疲倦　电话　口吻　书本

宾馆　物价　宫女　荒谬　思想　穷苦　挑剔　从容　语文

2. 按阴、阳、上、去的顺序读准下列文字的声调

中国伟大　　zhōng　　guó　　wěi　　dà

山河美丽　　shān　　hé　　měi　　lì

中流砥柱　　zhōng　　liú　　dǐ　　zhù

花红柳绿　　huā　　hóng　　liǔ　　lǜ

风调雨顺　　fēng　　tiáo　　yǔ　　shùn

千锤百炼　　qiān　　chuí　　bǎi　　liàn

3. 按去、上、阳、阴的顺序读准下列文字的声调（上声按变调念半上）

破釜沉舟　　pò　　fǔ　　chén　　zhōu

调虎离山　　diào　　hǔ　　lí　　shān

弄巧成拙　　nòng　　qiǎo　　chéng　zhuō

信以为真　　xìn　　yǐ　　wéi　　zhēn

妙手回春　　miào　　shǒu　　huí　　chūn

（四）语句朗读

我常想，读书人是世间的幸福人，因为他除了拥有现实世界之外，还拥有另一个更为浩瀚也更为丰富的世界。

雪纷纷扬扬，下得很大。开始还伴着一阵儿小雨，不久就只见大片大片的雪花，从彤云密布的天空中飘落下来。

我爱月夜，我也爱星天。从前在家乡七八月的夜晚在庭院里纳凉的时候，我最爱看天上密密麻麻的繁星。

爸不懂得怎样表达爱，使我们一家人融洽相处的是我妈妈。他只是每天上班下班，而妈妈则把我们做过的错事开列清单，然后由他来责骂我们。

每天，不管是鸡鸣晓月，日丽中天，还是月华泻地，小桥都印下串串足迹，洒落串串汗珠。

（五）应避免的发音错误

1. 声旁误导

由于古今文字演变等，不少形声字声旁和整个字的读音不完全相同，所以形声字并不能完全按照声旁来判断读音。例如，呵应读 hē，舸应读 gě，悛应读 quān，等等。

2. 读音缺陷

阴平调读得不够平，调值明显偏低或调势呈下降趋势；阳平调上升不够或中途拐弯，读成近似于上声调；上声调降不到底或升不到位，特别是单念或用于句末时；去声调起点不够高或降不到位。

3. 轻重音问题

两个字都是阴平调时，如果重音没放在第二个音节而是放在第一个音节上，就会使整个词语听起来像轻声，如阴天、飞机等。词尾是上声的字没有读到位，如将果实累累（lěi）中的"累"误读为阳平。

任务四
语流音变训练

人们在朗读和说话时，一般不是孤立地发出一个个音节，而是连续地发出许多音节，形成语流。相邻的音节或音素互相影响，就会产生语音方面的种种变化，这就是语流音变。语流音变是许多语言都有的现象，普通话中的语流音变主要包括轻声、儿化、变调和语气词"啊"的音变。音变规律掌握得如何，在口语中运用得怎么样，将直接影响一个人的普通话水平。我们应熟悉普通话中常见的语流音变现象，并正确掌握它们的发音规律。

一、轻声

读一读▼

轻声的读法

爷爷　奶奶　爸爸　妈妈

在普通话中，正确的读法应该是把以上词语中的第二个字读得又轻又短。你读对了吗？

轻声是指在普通话的词和句子中，有些音节因受前后音节的影响失去了原有的调值，变成了一种又轻又短的调子。例如，爸爸（bàba）、点心（diǎnxin）等，这类词中第二个音节的声调在实际读音中变得轻短而模糊。

（一）轻声的作用

轻声在普通话中具有区分词性、区别词义、区分词和短语、增强普通话的音乐性等作用。

1. 区分词性

对头（duìtóu）　形容词。正确，合适；正常（多用于否定式）；合得来（多用于否定式）。

对头（duìtou） 名词。仇敌，敌对的方面；对手。

2. 区别词义

兄弟（xiōngdì） 名词。哥哥和弟弟。

兄弟（xiōngdi） 名词。弟弟。

3. 区分词和短语

打手（dǎshǒu） 动宾短语。

打手（dǎshou） 名词。受主子豢养，替主子欺压、殴打人的人。

4. 增强普通话的音乐性

普通话四个调值的高低、长短、升降、曲直各有特色，再加上轻声的变化，就会使抑扬顿挫的变化更加丰富，轻重缓急错落有致。轻声增强了普通话的音乐性。

（二）轻声的调值

轻声都是从阴平、阳平、上声、去声变化而来的，轻声也有自己的调值，其调值及变化规律见表 3-3。

表 3-3　轻声调值及变化规律

组词方式	阴平→轻声	阳平→轻声	上声→轻声	去声→轻声	轻声调值
阴平＋轻声	东边	丫头	珠子	松快	2
阳平＋轻声	南边	锄头	竹子	凉快	3
上声＋轻声	左边	枕头	主子	爽快	4
去声＋轻声	右边	罐头	柱子	痛快	1

（三）轻声音节的发音规律

①重叠式的名词和动词，末尾的音节大多读轻声。如：

妈妈　爸爸　婆婆　公公　奶奶　姥姥　婶婶　叔叔　姑姑

姐姐　哥哥　弟弟　妹妹　娃娃　太太　娘娘　爷爷　星星

舅舅　猩猩

②以"子""头"为后缀的名词，"子"一般读作轻声，"头"绝大部分也读作轻声。如：

轮子　帽子　路子　麦子　面子　镊子　袍子　棚子　瓶子　钳子

圈子　裙子　嗓子　亭子　秃子　鸭子　椰子　侄子　种子　竹子

珠子　叶子　影子　柚子　宅子　帐子　枕头　锄头　后头　浪头

里头 罐头 拳头 前头 舌头 石头 丫头 指头 外头 骨头
苗头 苦头 准头

③以"们"为后缀的表复数的人称代语或指人的名词性词语中，"们"读作轻声。如：

我们 你们 咱们 他们 她们 同志们 孩儿们 教师们 外宾们
同学们 男孩们 女孩们 领导们 姑娘们 阿姨们 叔叔们
姐妹们 兄弟们

④以"上""下""里"等为后缀，表示方位意义的词语或词素，其后缀一般读作轻声。如：

脸上 山上 车上 地铁上 屋顶上 树梢上 楼上 山下 楼下
月光下 地下 村子里 公园里 房子里

⑤以"头、边"为后缀构成的合成方位词，其后缀一般读作轻声。如：

前头 后头 外头 下头 上头 里头 外边 左边 西边 北边
前边 右边 南边 里边 后边 东边

⑥语气词"吗""呢""吧""呀"，助词"着""了""过""的""地""得"等，均读作轻声。如：

对吗 可以吗 吃得好吗 睡得香吗
在呢 他呢 衣服呢 作业呢 包呢
来吧 对吧 好吧 香吧
好呀 是呀 天呀 行呀
看着书 吃了饭 去过北京 漂亮的女孩 快快地跑 写得好 热得不行

⑦附着于中心词之后的趋向动词作为补语时，应读作轻声。如果中心词与趋向动词之间插入了"不""得"，"不""得"读作轻声，趋向动词一般读原调。如：

起来 看出 拿出来 看上 说出来
起不来 看不出 拿不出来 看不上 说不出来
起得来 看得出 拿得出来 看得上 说得出来

⑧重叠动词连用时，重叠的音节读作轻声；若重叠连用的动词中间插入了"一""不"，"一""不"读轻声，重叠音节读原调。如：

走走 看看 说说 吃吃 笑笑 遛遛 想想 听听 试试 猜猜
走一走 看一看 遛一遛 说不说 吃不吃 笑不笑

（四）轻声训练

1. 阴平 + 轻声

玻璃　差事　姑娘　庄稼　巴掌　包袱　称呼　苍蝇　耷拉　耽搁

提防　嘟囔　膏药　胳膊　街坊　溜达　眯缝　吆喝　舒坦　先生

衣裳　身子　生意　说和　休息　冤家　央告　秧歌　招牌　作坊

2. 阳平 + 轻声

便宜　财主　裁缝　柴火　除了　嘀咕　格式　寒碜　和气　和尚

核桃　狐狸　莲蓬　什么　名堂　明白　麻利　玫瑰　能耐　朋友

奴才　拾掇　随和　行家　严实

3. 上声 + 轻声

摆设　本事　比方　扁担　补丁　打扮　打点　打发　打量　打手

打听　点心　懂得　耳朵　火候　伙计　讲究　口袋　搅和　喇叭

懒得　老婆　老实　老爷　马虎　买卖　免得

4. 去声 + 轻声

快活　月亮　刺猬　骆驼　地方　队伍　厚道　爱人　凑合　弟兄

告诉　见识　漂亮　扫帚　亲家　吓唬　钥匙　意思　运气　丈夫

自在　壮实　下巴　相声

小贴士▼

▶ **避免"吃字""吞字"**

　　轻声的特点是既轻又短，失去了其原有的声调。其最本质的特点是短，因此在听感上轻声音节的音长应明显短于非轻声音节。需要注意的是，不能为了发轻声而出现"吃字""吞字"现象。

（五）轻声常见读音错误

注意避免以下几种轻声的读音错误。

①轻声音节读成非轻声，如将挑剔读成"tiāotì"，将乡下读成"xiāngxià"，将主意读成"zhǔyì"等。

②轻声音节的音长等同于非轻声音节，甚至长于非轻声音节。

③读轻声音节时违背轻声的音高模式。

④把非轻声词语读成轻声词语。

技巧：掌握轻声的发音规律，多记多练。

练一练 ▼

听辨音。教师慢读下列句子，学生勾出轻声词语，然后再读一读。

同学们！把窗户打开透透气，把玻璃擦擦再关上窗户。听明白了吗？

天上的星星像眼睛似的，眨呀眨的，那么漂亮，真有意思！

语段训练，阅读下面的文字，注意读准轻声。

我的朋友从东边儿来，穿着一身漂亮的衣裳，大老远就叫了一声，看他快活的样子，也不知道为了什么，倒把我弄糊涂了。

二、儿化

（一）儿化及其作用

儿化是指在音节的末尾加上一个卷舌动作，使该音节韵母的发音带上卷舌音 er 的一种音变现象。被儿化了的韵母叫作儿化韵，书写为"r"，如"鲜花儿"的读音写为 xiānhuār。儿化韵起着修饰语言色彩的作用。儿化韵不是在音节之后加一个单独的 er 的音节，而是在音节最后一个音素上附加卷舌动作，使韵母发生变化。例如：眼珠儿—zhur、小孩儿—hair、小事儿—shir 等。

普通话的儿化在表达词语的语法意义和修辞色彩上都起着积极的作用。

①区分词性。

形容词→名词：准—准儿，尖—尖儿。

动词→名词：盖—盖儿，画—画儿。

量词→名词：个—个儿。

名词→量词：手——手儿。

动词→量词：捆——捆儿，挑——挑儿。

②区别词义。

台风：发生在太平洋西部海洋和南海海上的热带气旋，是一种极强烈的风暴，中心附近最大风力达 12 级或 12 级以上，同时有暴雨。

台风儿：戏剧演员在舞台上表现出来的风度或作风。

眼：人和动物的视觉器官。通称眼睛。

眼儿：小洞；窟窿。

③表示少、小、轻等状态和性质，也常常用到儿化，如米粒儿、门缝儿、蛋黄儿。

④表示一定的感情色彩，如小孩儿、伙伴儿、好玩儿、小曲儿、芝麻官儿。

小贴士▼

▶ **儿化不宜过度使用**

在具有区分词性和区别词义作用的语境中，该儿化处理的地方一定要儿化，否则就会产生歧义。但在广播语言中，尤其是政治类、科学类、学术类的节目中，对语言的严谨程度要求较高，要尽量少用儿化；在书面语言或比较正式的语言环境中，也不宜多用儿化。

学习儿化音应掌握普通话儿化音的发音要求和正确的儿化韵发音方法，即在韵腹、韵尾的正确口型的基础上，舌头后缩并顺势卷起。要注意避免卷舌过晚、卷舌太后和舌尖抵住硬腭等问题。

（二）儿化韵的发音

普通话 39 个韵母中，除了本身已经是卷舌韵母的 er 外，其余 38 个韵母理论上都可以儿化，但是口语中韵母 ê 只有一个汉字"欸"，是个叹词，不能儿化，所以只有 37 个韵母可以儿化。

a → ar[①]：在哪儿	戏法儿
ia → iar：一下儿	豆芽儿
ua → uar：脑瓜儿	笑话儿
o → or：粉末儿	耳膜儿
uo → uor：邮戳儿	大伙儿
e → er：在这儿	打嗝儿
ie → ier：半截儿	小鞋儿
üe → üer：丑角儿	旦角儿
u → ur：泪珠儿	梨核儿

---

① 此处是借助汉语拼音描写儿化音节的实际发音，拼写儿化音节时要符合拼写规则。

ao → aor：蜜枣儿　　　　　　半道儿

ou → our：年头儿　　　　　　老头儿

iao → iaor：跑调儿　　　　　　开窍儿

iou → iour：抓阄儿　　　　　　加油儿

i → ier：垫底儿　　　　　　肚脐儿　　　针鼻儿

ü → üer：金鱼儿　　　　　　毛驴儿　　　小曲儿

ai → ar：加塞儿　　　　　　小孩儿

ei → er：刀背儿　　　　　　摸黑儿

uai → uar：一块儿

uei → ueir：跑腿儿　　　　　　一会儿

an → ar：老伴儿

en → er：亏本儿　　　　　　一阵儿

ian → iar：心眼儿　　　　　　一边儿

in → ier：有劲儿　　　　　　送信儿

uan → uanr：好玩儿　　　　　　拐弯儿

uen → uenr：打盹儿　　　　　　没准儿

üan → üar：烟卷儿　　　　　　手绢儿

ün → üer：合群儿

-i（前）→ er：找刺儿　　　　　　柳丝儿

-i（后）→ er：树枝儿　　　　　　找事儿

ang → a 鼻化 +r：瓜瓤儿　　　　　药方儿

iang → i+a 鼻化 +r：小羊儿　　　　　鼻梁儿

uang → u+a 鼻化 +r：天窗儿　　　　　蛋黄儿

eng → e 鼻化 +r：跳绳儿　　　　　裤缝儿

ueng → u+e 鼻化 +r：小瓮儿

ong → o 鼻化 +r：小虫儿　　　　　抽空儿

ing → i+e 鼻化 +r：杏儿　　　　　人影儿

iong → i+o 鼻化 +r：小熊儿

练一练 ▼

1. 读词语，体会儿化音的发音特点。

栅栏儿　　瓜瓤儿　　雨点儿　　聊天儿　　麻花儿　　大腕儿

打晃儿　　手绢儿　　脖颈儿　　半截儿　　主角儿　　有劲儿

2. 听辨下列句子。

闭了眼，树上仿佛已经满是桃儿、杏儿、梨儿。

壶盖儿盖上了吗？

把衣服穿整齐，扣上扣儿，要精神一点儿。

三、变调

在词语和句子中，有的音节声调会发生一定的变化，与单念时调值不同，这就是"变调"。变调多数是由后一个音节的声调引起的。普通话中的变调主要有两类：上声的变调和"一""不"的变调。

（一）上声的变调

需要掌握上声音变的规律（表3-4）。

表3-4　上声音变的规律

原字调	变调	例词	
上声 + 阴平	21+ 阴平	祖先	体温
上声 + 阳平	21+ 阳平	祖国	体格
上声 + 上声	35+ 上声	祖母	体检
上声 + 去声	21+ 去声	祖辈	体态
上声 + 轻声	21+ 轻声	祖宗	体面
（上声 + 上声）+ 上声	35+35+ 上声	展览馆	选举法
上声 + 上声 + 上声	35+35+ 上声	软懒散	缓减免
上声 +（上声 + 上声）	21+35+ 上声	冷处理	老保守

小贴士▼

▶ 上声何时变调？

在双音节词中，上声在跟上声相连或放在别的声调前面的时候，都要发生变调。上声在单读或用于词末时不变调，如五（wǔ）、第五（dìwǔ）都读原调。

①念半上：上声在阴平、阳平、去声前面念半上，调值由 214 变成 21，也就是只降不升，由于上声的起音低，所以近似低平调。如：

好说 hǎoshuō　　想象 xiǎngxiàng　　场合 chǎnghé　　水星 shuǐxīng

北京 běijīng　　嘱托 zhǔtuō　　雪花 xuěhuā　　导师 dǎoshī

累积 lěijī　　主张 zhǔzhāng　　友谊 yǒuyì　　比较 bǐjiào

②念直上，像阳平一样：上声跟上声相连，前面的上声变成升调，跟阳平一样（或近似阳平），调值由 214 变成 35。如：

五里 wǔlǐ　　美好 měihǎo　　小姐 xiǎojiě　　只有 zhǐyǒu

考古 kǎogǔ　　手表 shǒubiǎo　　勇敢 yǒnggǎn　　演讲 yǎnjiǎng

嘴角 zuǐjiǎo　　扭转 niǔzhuǎn　　厂长 chǎngzhǎng　　领导 lǐngdǎo

③三个上声相连，可按一个单字和一个双字词（单双格或双单格）组成的词组看待。

单双格读（半上 21+ 阳平 35+ 上声 214）：

党小组　李厂长　很友好　纸老虎　小两口

双单格读（阳平 35+ 阳平 35+ 上声 214）：

手写体　展览馆　水彩笔　演讲稿　洗脸水

练一练 ▼

1. 双音节词语训练：读下列词语，重点注意变调字音。

huǒchē	hǎijūn	guǒshí	zǒngjié	lǐ yóu
火车	海军	果实	总结	理由

bǎngyàng	gǎizào	kǎn kě	yǐngxiǎng	xǐ zǎo
榜样	改造	坎坷	影响	洗澡

guǎngchǎng	mǎ pǐ	fěn bǐ	xiǎojiǎo	tiě tǎ
广场	马匹	粉笔	小脚	铁塔

2. 三音节词语训练。

跑马表　　冷处理　　草稿纸　　请允许　　勇敢者　　小老鼠

3. 语句综合训练。

你去买两箱无尘粉笔。

一切反动派都是纸老虎。

刘厂长批评了管理组的做法，要求他们整改。

今晚百花广场有几百人表演大型舞蹈史诗。

（二）"一""不"的变调

1."一"的变调规律

"一"的单字声调是阴平，单用或处于词尾、句尾、表示序数或在一连串的数字中都读原调，如"二零一一"，"一"作序数表示"第一"的意思，不变调，而在其他情况下就要做变调处理。

（1）非去声音节前变去声

一瞥　一览　一连　一些　一般　一举　一曲　一起　一时

一群　一条　一行　一天　一批　一家　一体　一经　一瓶

（2）去声音节前变阳平

一致　一再　一定　一律　一瞬　一共　一带　一向　一道

一并　一路　一趟　一样　一面　一类　一阵　一贯

（3）夹在重叠词中间读轻声

走一走　遛一遛　看一看　写一写　想一想　读一读　试一试　说一说

练一练▼

读下列词语，注意"一"的变调。

一朝一夕　一丝不挂　一丝不苟　一五一十　一窍不通　一尘不染

一蹶不振　一文不值　一起一落　一去不返　一字不漏

2."不"的变调规律

"不"的单字声调是去声，单用或在词句末尾，以及在阴平、阳平、上声前读原调。

①在去声音节前变阳平。

不是　不错　不赖　不测　不干（gàn）　不妙　不看　不累

不怕　不跳　不要　不叫　不骂　不被　不去　不便　不必

不定　不论　不屑　不愧　不料　不用　不对　不断　不过

不论　不肖　不顾　不但　不利　不上　不下

②"不"夹在动词中间、形容词中间或动词补语中间时，读作轻声。

买不买　来不来　让不让　要不要　吃不吃　想不想　去不去

气不气　卖不卖　好不好　难不难　美不美　丑不丑　搞不懂

摸不清　看不见　辩不明　起不来　拿不起　输不起　上不来

下不去　走不动　吃不下

注：有一些教材把夹在动词补语中的"不"的读音归类为次轻音。

练一练 ▼

读下列词语，注意变调。

不露声色　不可一世　不明不白　不偏不倚　不大不小

不痛不痒　不计其数　不打自招　不置可否　不即不离

不毛之地　不上不下　不共戴天　不伦不类　不卑不亢

不折不扣　不屈不挠　不成器　不见得　不晓得　不值钱　不像话

不等式　不要紧　不锈钢　不过意　不动产　不自量　不成文

四、语气词"啊"的音变

语气词"啊"在语流中几乎没有机会念成 a，它要受前一个字的韵母的影响，产生音变。

（一）"啊"的音变规律

①"啊"的前一个字的韵母或韵尾是 u、ou、ao 时，"啊"字念 wa，可写作"哇"。

别吐啊 bié tù wa　　　　不够啊 bú gòu wa

多好啊 duō hǎo wa　　　手多巧啊 shǒu duō qiǎo wa

②"啊"的前一个字的韵母是 a、o、e、i、er 或韵母末尾音素是 a、o、e、ei、ü 时，"啊"字念 ya，可写作"呀"。

隔墙有耳啊 géqiáng-you'er ya　　　人真多啊 rén zhēn duō ya

吃鱼啊 chī yú ya　　　快爬啊 kuài pá ya　　　阿伯啊 ābó ya

大哥啊 dàgē ya　　　看戏啊 kànxì ya　　　城内啊 chéng nèi ya

③"啊"的前一个字的韵尾是 n 时，"啊"字念 na，可写作"哪"。

多蓝啊 duō lán na　　　老天啊 lǎotiān na　　　三万啊 sānwàn na

④"啊"的前一个字的韵尾是 ng 时，"啊"字念 nga，只能写作"啊"。

真烫啊 zhēn tàng nga　　　真香啊 zhēn xiāng nga　快逛啊 kuài guàng nga

（二）"啊"的音变训练

①按照规律念出"啊"的音变。

真冷啊 zhēn lěng nga　　好听啊 hǎotīng nga　　蛟龙啊 jiāolóng nga

快修啊 kuài xiū ya　　快逃啊 kuài táo wa　　快问啊 kuài wèn na

有信啊 yǒu xìn na　　回家啊 huíjiā ya　　快刷啊 kuài shuā ya

烤火啊 kǎohuǒ ya　　大雪啊 dàxuě ya　　尘埃啊 chén'āi ya

好怪啊 hǎoguài ya　　好黑啊 hǎo hēi ya　　乌龟啊 wūguī ya

快写啊 kuài xiě ya　　注意啊 zhùyì ya　　快来啊 kuài lái ya

真快啊 zhēn kuài ya　　真黑啊 zhēn hēi ya　　不对啊 búduì ya

快去啊 kuài qù ya　　真俊啊 zhēn jùn na　　大嫂啊 dàsǎo wa

别叫啊 bié jiào wa　　买药啊 mǎiyào wa　　老翁啊 lǎowēng nga

②分辨下列语句中"啊"的音变特点，读出音变。

千万注意啊！　　　　　这里的条件真好啊！　　　这是金丝猴儿啊！

这是谁啊！　　　　　　真可爱啊！　　　　　　好大的雨啊！

快吃西瓜啊！　　　　　这是什么车啊！　　　　身上这么多土啊！

她的歌声多好听啊！　　这是一件大事啊！　　　你写过几次啊！

③朗读句子。

a 你怎么还不回家呀（jiā ya）！

o 他是你大伯呀（bó ya）！

e 好大的雪呀（xuě ya）！

i 你发什么呆呀（dāi ya）！

i 你看对不对呀（duì ya）！

ü 漓江的水真绿呀（lǜ ya）！

ou 这么多够不够哇（gòu wa）！

ao 实习老师对我们多好哇（hǎo wa）！

n 这孩子真可怜哪（lián na）！

n 你快点选哪（xuǎn na）！

ng 这几天真冷啊（lěng nga）！

ng 电话打不通啊（tōng nga）！

五、轻重格式

普通话中多音节词语的几个音节有约定俗成的轻重差别，这就是轻重格式。除非特别需要，一般不能改变这种固有的格式。但轻与重是相对而言的，其轻重格式大致为重音、中音、次轻音、轻音四级。在实际发音中，如果不能比较准确地掌握普通话的轻重格式，听起来就会带有明显的方言腔调。

（一）双音节词语的轻重音格式

"中 - 重"格式居多。如：

全身　断层　允许　障碍　压迫　虐待　罪恶　荒谬　愉快
来临　灭亡　电话　训练　黑夜　疲倦　侵略　强调　挫折

"重 - 中"格式。如：

声音　爱护　安排　帮助　宝贝　摆弄　气质　病人　博士
布置　参与　成绩　错误　待遇　动物　敌人　地步

"重 - 轻"格式。如：

巴掌　刺猬　先生　别扭　便宜　玻璃　规矩　漂亮　云彩
回来　暖和　价钱　水果　盗贼　英雄　夸张　课本　差别

（二）三音节词语的轻重音格式

"中 - 次轻 - 重"格式居多。如：

解放军　文学院　哲学系　邮电局　电信局　压力锅　西方人
日光灯　共产党　控制器　马兰花　展览馆　西红柿　播音员

"中 - 重 - 轻"格式。如：

老头子　大姑娘　巧媳妇　花骨朵　胡萝卜　老伙计　打牙祭

"重 - 轻 - 次轻"格式。如：

孩子们　朋友们　姑娘家　先生们　女人们　弟兄们　伙计们

（三）四音节词语的轻重音格式

"中 - 次轻 - 中 - 重"格式居多。如：

流行音乐　高等学校　驷马难追　逆水行舟　江山多娇
高楼大厦　时装表演　百炼成钢　成都地图　趾高气扬

"中 - 轻 - 中 - 重"格式。如：

糊里糊涂　拉拉扯扯　拖拖拉拉　上上下下　大大小小

吃吃喝喝　地地道道　欢欢笑笑　喜气洋洋

"中 - 次轻 - 重 - 轻"格式。如：

半大小子　拜把兄弟　闺女女婿　如意算盘

一个字的声调可用调值确定，但语调没有固定的语音概念来界定，但二者同受"音高"影响，随说话人的相对音量的强弱而变化。语句的高低抑扬形成语调，决定它的主要因素是语句轻重强弱的不同变化。在说普通话时，如果方言语调克服不好，使语句语调呈现与普通话迥然相异的风貌，就必然会影响普通话的质量。

小贴士▼

▶ **怎样掌握普通话语调？**

读准字调是克服方言语调的最主要的方法；然后是掌握好词语的轻重格式，并在读准字调、把握轻重的基础上，仔细琢磨普通话语调的高低抑扬，反复体会语句的轻重变化。通过大量练习，可以掌握普通话的语调。

六、普通话基础训练

普通话基础训练重点在于对字、词、句、绕口令、段的练习，目的主要是帮助大家做到口齿清晰、语音准确、吐字清楚，以达到字正腔圆的效果。在训练时，一定要按照正确的发音部位和发音方法，扬长避短。一方面要注意纠正自己的发声缺点、弱点，另一方面要利用和发挥自己的长处。

（一）声母绕口令

在普通话中，声母的发音是非常重要的，练习方法也非常多。声母的发音部位不同，吐字时的着力点就不一样。绕口令练起来有些拗口，但它是说好普通话必不可少的练习材料。绕口令练习不仅可以增加咬字器官的力度和灵活度，也可以有效地锻炼呼吸控制能力。

1.双唇音 b、p、m

①白伯伯，彭伯伯，馎馎铺里买馎馎。白伯伯买的馎馎大，彭伯伯买的大馎馎。拿到家里给婆婆，婆婆又去比馎馎。不知白伯伯买的馎馎大，还是

彭伯伯买了个大饽饽。

②爸爸抱宝宝，跑到布铺买布做长袍。宝宝穿了长袍不会跑，跑了八步就拉破了布长袍。布长袍破了还要用布补，再跑到布铺买布补长袍。

③白猫黑鼻子，黑猫白鼻子。黑猫的白鼻子，碰破了白猫的黑鼻子。白猫的黑鼻子破了，剥个秕谷壳儿补鼻子。黑猫的白鼻子没破，就不必剥秕谷壳儿补鼻子。

④白庙外蹲着一只白猫，白庙里有一顶白帽。白庙外的白猫看见了白帽，叼着白庙里的白帽跑出了白庙。

⑤半盆冰棒半盆瓶，冰棒碰盆，盆碰瓶，盆碰冰棒盆不怕，冰棒碰瓶瓶必崩。

2. 唇齿音 f

①理化和理发，理化不是理发，理发不是理化。学会理化，不会理发。学会理发，也不懂理化。

②丰风和芳芳，上街买混纺。粉红混纺，黄混纺，灰混纺。红花混纺做裙子，粉花混纺做衣裳。红、粉、灰、黄花样多，五颜六色好混纺。

读一读 ▼

化肥

化肥会挥发。

黑化肥发灰，灰化肥发黑。

黑化肥发灰，会挥发；灰化肥挥发，会发黑。

黑化肥挥发发灰会花飞；灰化肥挥发发黑会飞花。

黑灰化肥会挥发发灰黑讳为花飞；灰黑化肥会挥发发黑灰为讳飞花。

黑灰化肥会挥发发灰黑讳为黑灰花会飞；灰黑化肥会挥发发黑灰为讳飞花化为灰。

黑化黑灰化肥灰会挥发发灰黑讳为黑灰花会回飞；灰化灰黑化肥会挥发黑灰为讳飞花回化为灰。

3. 舌尖音 z、c、s、d、t、n、l、zh、ch、sh

①柳林镇有个六号楼，刘老六住在六号楼。有一天，来了牛老六，牵了六只猴；来了侯老六，拉了六头牛；来了仇老六，提了六篓油；来了尤老六，

背了六匹绸。牛老六、侯老六、仇老六、尤老六，住上刘老六的六号楼，半夜里，牛抵猴，猴斗牛，撞倒了仇老六的油，油坏了尤老六的绸。牛老六帮仇老六收起油，侯老六帮尤老六洗掉绸上油，拴好牛，看好猴，一同上楼去休息。

②太阳从西往东落，听我唱个颠倒歌。

天上打雷没有响，地下石头滚上坡；

江里骆驼会下蛋，山里鲤鱼搭成窝；

腊月酷热直流汗，六月暴冷打哆嗦；

姐在房中手梳头，门外口袋把驴驮。

③白石塔，白石搭，白石搭白塔，

白塔白石搭，搭好白石塔，白塔白又大。

④隔着窗户撕字纸，一次撕下横字纸，一次撕下竖字纸，是字纸撕字纸，不是字纸，不要胡乱撕一地纸。

⑤六十六岁的陆老头，盖了六十六间楼，买了六十六篓油，养了六十六头牛，栽了六十六棵垂杨柳。六十六篓油，堆在六十六间楼；六十六头牛，扣在六十六棵垂杨柳。忽然一阵狂风起，吹倒了六十六间楼，翻倒了六十六篓油，折断了六十六棵垂杨柳，砸死了六十六头牛，急煞了六十六岁的陆老头。

⑥紫紫茄子，紫茄子紫。紫茄子结籽，紫茄子皮紫肉不紫。紫紫茄子结籽，紫紫茄子皮紫籽也紫。你喜欢吃皮紫肉不紫的紫茄子，还是喜欢吃紫皮紫籽的紫紫茄子？

⑦山前有个崔粗腿，山后有个崔腿粗，二人山前来比腿。不知是崔腿粗比崔粗腿的腿粗，还是崔粗腿比崔腿粗的腿粗。

⑧史老师，讲时事，常学时事长知识。时事学习看报纸，报纸登的是时事，心里装着天下事。

⑨夏日无日日亦热，冬日有日日亦寒，春日日出天渐暖，晒衣晒被晒褥单，秋日天高复云淡，遥看红日迫西山。

⑩朱家一株竹，竹笋初长出。朱叔处处锄，锄出笋来煮。锄完不再出，朱叔没笋煮，竹株又干枯。

4.舌面音 j、q、x、g、k、h

①新针纫新线，新线纫新针，针纫线，线纫针，新针新线心情新。

②尖塔尖，尖杆尖，杆尖尖似塔尖尖，塔尖尖似杆尖尖。有人说杆尖比塔尖尖，有人说塔尖比杆尖尖。不知到底是杆尖比塔尖尖，还是塔尖比杆尖尖。

③七加一，七减一，加完减完等于几？七加一，七减一，加完减完还是七。

③京剧叫京剧，警句叫警句。京剧不能叫警句，警句不能叫京剧。

⑤哥哥过河捉个鸽，回家割鸽来请客，客人吃鸽称鸽肉，哥哥请客乐呵呵。

⑥画上盛开一朵花，花朵开花花非花。花非花朵花，花是画上花。画上花开花，画花也是花。

⑦小花和小华，一同种庄稼。小华种棉花，小花种西瓜。小华的棉花开了花，小花的西瓜结了瓜。小花找小华，商量瓜换花。小花用瓜换了花，小华用花换了瓜。

（二）韵母绕口令

在普通话中，韵母是音节的主要成分，它的发音非常重要。单韵母只有一个音节，比较简单，而复韵母和鼻韵母却有两个或三个音节，并且很多都有韵尾，要特别注意归音问题，发韵母时，要求韵腹要拉开立起，韵尾要归音到家。

①马大妈的儿子叫马大哈，马大哈的妈妈叫马大妈。

马大妈让马大哈买麻花，马大哈给马大妈买西瓜。

马大妈叫马大哈割芝麻，马大哈给马大妈摘棉花。

马大妈告诉马大哈，以后不能再马大哈，马大哈不改马大哈，马大妈就不要马大哈。（a）

②娃挖瓦，娃挖蛙，娃挖瓦挖蛙，挖蛙挖出瓦。娃挖蛙，娃挖瓦，娃挖蛙挖瓦，挖瓦挖出蛙。（a）

③海水长，长长长，长长长消；海水朝，朝朝朝，朝朝朝落；浮云长，长长长，长长长消。（ang）

④小光和小刚，抬着水桶上山岗。上山岗，歇歇凉，拿起竹竿玩打仗。乒乒乒，乓乓乓，打来打去砸了缸。小光怪小刚，小刚怪小光，小光小刚都怪竹竿和水缸。（ang）

⑤搬木板摆木板，摆木板搬木板，摆罢木板搬木板，搬罢木板摆木板。先搬木板，后摆木板；后摆木板，先搬木板。搬木板又摆木板，块块木板搬摆完。（an）

⑥长城长，城墙长，长长长城长城墙，城墙长长城长长。（ang）

⑦同姓不能说成通信，通信不能说成同姓。同姓可以互相通信，通信并不一定是同姓。（ing）

⑧小胜、小庆和小静，去擦玻璃镜。小静说小胜比小庆擦得净，小胜说小庆比小静擦得净，小庆说小静比小胜擦得净。玻璃镜越擦越干净，乐坏了小胜、小庆和小静。（ing）

⑨生身亲母亲，谨请您就寝，请您心宁静，身心很要紧。新星伴明月，尽是清净境，银光澄清清，警铃不要惊。您请我进来，进来敬母亲。（ing）

⑩鼓上画只虎，破了拿布补。不知布补鼓，还是布补虎。（u）

⑪那边划来一艘船，这边漂去一张床，船床河中互相撞，不知船撞床，还是床撞船。（an—ang）

⑫王庄卖筐，匡庄卖网，王庄卖筐不卖网，匡庄卖网不卖筐。你要买筐别去匡庄去王庄，你要买网别去王庄去匡庄。（ang）

⑬大帆船，小帆船，竖起桅杆撑起船。风吹帆，帆引船，帆船顺风转海湾。（an）

⑭槐树槐，槐树槐，槐树底下搭戏台，人家的姑娘都来了，我家的姑娘还不来。说着说着就来了，骑着驴，打着伞，歪着脑袋上戏台。（uai、ai）

⑮孙伦打靶真叫准，半蹲射击特别神，本是半路出家人，摸爬滚打练成神。（un、en）

⑯东运河，西运河，东西运河运东西。南通州，北通州，南北通州通南北。（un）

⑰贝贝飞纸飞机，菲菲要贝贝的纸飞机，贝贝不给菲菲自己的纸飞机，贝贝教菲菲自己做能飞的纸飞机。（ei）

⑱梁上两对倒吊鸟，泥里两对鸟倒吊。可怜梁上的两对倒吊鸟，惦记泥里的两对鸟倒吊；可怜泥里的两对鸟倒吊，也惦记梁上的两对倒吊鸟。（ao）

（三）声调绕口令

声调绕口令练习的主要目的是锻炼耳朵的辨音能力，练习声带松紧变化的控制，体会声调高低和自己声带松紧的关系，进而能有意识地调节自己的声带。

①刘村有个刘小牛，柳村有个柳小妞。刘小牛去放牛，柳小妞种石榴。刘小牛让柳小妞骑牛牛，柳小妞让刘小牛吃石榴。

②小毛抱着花猫，花猫用爪抓小毛，小毛用手拍花猫。花猫抓破了小毛，小毛打疼了花猫。小毛哭，花猫叫。小毛松开了花猫，花猫跑离了小毛。

③任命是任命，人名是人名，任命不是人名，人名不能任命。人是人，任是任，名是名，命是命，人、任、名、命，要分清。

④不怕不会，就怕不学，一回不会，再来一回，绝不后悔，直到学会。

⑤老罗拉了一车梨，老李拉了一车栗。老罗人称大力罗，老李人称李大力。老罗拉梨做梨酒，老李拉栗去换梨。

⑥妈妈骑马，马慢，妈妈骂马。舅舅搬鸠，鸠飞，舅舅揪鸠。姥姥喝酪，酪融，姥姥捞酪。妞妞哄牛，牛拧，妞妞拧牛。

读一读▼

学好声韵辨四声

学好声韵辨四声，阴阳上去要分明；

部位方法须找准，开齐合撮属口形。

双唇班报必百波，舌尖当地斗点丁；

舌根高狗坑耕故，舌面积结教坚精；

翘舌主争真知照，平舌资则早在增；

擦音发翻飞分夏，送气查柴产彻称；

合口呼午枯胡古，开口河坡歌安争；

撮口虚学寻徐剧，齐齿衣优摇业英；

前鼻恩因烟弯稳，后鼻昂迎中拥生。

咬紧字头归字尾，阴阳上去记变声；

循序渐进坚持练，不难达到纯和清。

小贴士▼

▶ **声调练习注意的问题**

声调的练习应在气息、声带有一定控制的情况下进行。气息和声带控制不好，发上声时容易出现声调下不去、上不来的问题，采取的办法是下行时要逐渐放松，上行时要由松渐紧；发去声字时，尤其是作重音时声音易劈，因此下行时虽有放松的过程，但得"托"着点儿。练习时一定要结合气息，体会气息运动的特点，找准声音的支点，出字要有力，咬住字头，拉开字腹，收住字尾，做到四声准确，声音连贯。练习时还要把握好节奏。先放声慢读，注意要一个字一个字地读，不可太快。在读准单独的四个声调的基础上，再结合绕口令练习连续变调，要注意它们的高低升降变化。

思考与练习

一、思考与训练

阅读下面的几段话，注意发音和声调。

燕子去了，有再来的时候；杨柳枯了，有再青的时候；桃花谢了，有再开的时候。但是，聪明的，你告诉我，我们的日子为什么一去不复返呢？

从今天早晨开始，我也喜欢起我现在的新老师了。我们走进教室的时候，老师已经坐在那里了。老师去年教过的学生，为了和老师打招呼，不时出现在教室门口。

我常常遗憾我家门前的那块丑石：它黑黝黝地卧在那里，牛似的模样；谁也不知道是什么时候留在那里的，谁也不去理会它。只是麦收时节，门前摊了麦子，奶奶总是说：这块丑石，多占地面呀，抽空把它搬走吧。

现在正是枝繁叶茂的时节。这棵榕树好像在把它的全部生命力展示给我们看。那么多的绿叶，一簇堆在另一簇的上面，不留一点儿缝隙。翠绿的颜色明亮地在我们眼前闪耀，似乎每一片树叶上都有一个新的生命在颤动，这美丽的南国的树！

慈爱的水手们决定放开它，让它回到大海的摇篮去，回到蓝色的故乡去。离别前，这个大自然的朋友与水手们留影纪念。

二、行动建议

1. 声母学习检测

自测：录下自己练习的内容，反复听辨，发现不足。调整发音部位，录下再听辨。可对镜检查口型。

对测：两人一组，相互听辨、纠正。

小组检测：分成几人一组，一人练习，多人听辨。

教师检测：有条件的请普通话教师或普通话测试员听辨检测（可在正式测试前做模拟测试）。

2. 韵母学习检测

自测：跟着电视、广播中的播音员的读音练习，并录下自己练习的内容，反复对照听辨，发现不足，调整发音。

对测：两人一组，相互听辨、纠正。

小组检测：分成几人一组，一人练习，多人听辨。

教师检测：有条件的请普通话教师或普通话测试员听辨检测（可在正式测试前做模拟测试）。

3. 儿化音学习检测

自己在朗读时进行录音，再对照发音要求逐一对照检测。也可同学间互相纠正。

避免普通话儿化韵的读音错误。

未按普通话儿化音的特点发音，该儿化的词没儿化。例如，将"小孩"读成"xiǎohái"。

把儿尾与前面的音节分割开读成两个音节，即有儿没化。例如，将"一会儿"读成"yīhuì er"。

不该儿化的音节读成儿化音节。例如，将"电灯"读成"diàndēngr"。

声母 d 在词语结尾无卷舌色彩。

韵腹开口度明显不够。例如，将"竹竿儿"读得像"竹根儿"。

读儿化韵时，习惯在口腔前部卷舌。

项目四　提升航空服务口语交际与播音能力

在民航岗位上，通过广播让旅客了解各种相关问题和普及空中飞行安全知识是民航播音员的必要工作之一。而怎样有技巧性地播音则是业务水平的体现，它关系到航空公司给旅客留下的整体印象。同时，具备良好的口语交际与播音能力能更好地向旅客传递有效信息。所以，提升航空服务口语交际与播音能力具有非常重要的现实意义。

案例
导入 ▶▶ 2021年9月1日，在某航空公司MF8031航班上，起飞前的一段机上广播与平时有些不同。"刚刚非常荣幸地得知，本次航班上有几位重要的旅客，想向大家介绍一下……"旅客们一愣，当听完这与众不同的机上广播，大家纷纷鼓掌，客舱里响起了一阵热烈的掌声。

什么"重要的旅客"让乘务长如此郑重地向航班全体旅客介绍？乘务长是这样介绍的："他们是第七批在韩归国志愿军漳浦籍林水实烈士的家属，以及另外两位刚退伍的人民子弟兵，欢迎你们！崇尚英雄，致敬英雄，革命烈士为祖国的繁荣、民族的复兴，献出了宝贵生命，无数老兵为保卫祖国冲锋在一线，我代表全体乘务组成员向您致敬，谢谢你们！"

乘务长邹立在得知机上有"重要的旅客"后，立刻撰写了这段广播词，并饱含深情地进行播报。听完这则广播后，客舱中顿时响起了热烈的掌声。

任务一
掌握播音的要求与技巧

民航岗位播音工作的目的是向旅客传达有效信息，其中主要包括地勤人员播报机场广播，乘务员播报飞行安全知识和服务内容。通过广播，旅客可以了解乘机过程中的注意事项，了解气候和气温的变化以及航班飞行的时间和到达时间。在整个播报过程中，播音员要提炼出有效信息，让旅客更好地理解播报内容。同时，具备良好的心理素质以及对危机的处理和应变能力，认真负责地完成播报，也是成为优秀民航播音员的重要条件。

一、播音的要求

对播音的要求可以归纳为以下几句话：

准确规范，清晰流畅。

圆润集中，朴实明朗。

刚柔并济，虚实结合。

色彩丰富，变化自如。

下面分别加以阐述。

准确规范，清晰流畅。播音员的语音必须准确规范。播音吐字的清晰度要求高，但不能"蹦字"，声音要流畅。

圆润集中，朴实明朗。这是对声音基本色彩的要求，发音与吐字两个方面都包括在内。声音要润泽，不干涩；吐字要"玉润珠圆"，颗粒饱满；声音不散，字音不扁。圆润而明朗的声音，会像清泉一般，汩汩地流入人们的心田。

刚柔并济，虚实结合。发音吐字要有韧性、有弹性，能刚能柔，有虚有实。一般而言，男声偏刚健，女声偏柔美。切记"过刚则直，过柔则靡"，一味地刚听起来呆板生硬，一味地柔听起来萎靡不振，这些都是我们所不能取的。

色彩丰富，变化自如。声音色彩是播音员随内容的发展而运动变化着的感情的外衣。人的感情是不断变化的，声音色彩也是在对比变化中体现出来的。声音色彩有如画家的调色板，越丰富细致就越能传情，也就越有表现力。感情色彩的变化是无穷的，声音色彩的变化也是无穷的。掌握发音吐字的基本方法，是为了利于声音的变化，而不是为了追求固定不变的音色。

二、播音的技巧

（一）停顿

停顿除了为了休息换气外，更是为了充分表达播音员的思想情感。停顿包括语法停顿和语意停顿。语法停顿包括自然段落、标点符号的停顿，要显示条理分明。在句子中也要注意逻辑停顿，语断气连就是其中的一个方法。

（二）重音

所谓重音，就是在词和语句中读得比较重，表现为扩大音域或延长声音，可突出重点，表达自己的感情。重音可分为语句重音和思想重音。

（三）换气，即用气的过程

播音的内容千变万化，这就要求播音员采用不同的换气方法。补气和换气是一种朗诵技巧。要依情取气，依照感情发展的变化采用不同的换气方法。

补气的方式包括偷气、抢气、就气，可边听边读边体会，通过读短小精悍的诗歌、绕口令、散文之类的文学作品进行训练。

（四）克服紧张

紧张在实际中往往表现为口唇的紧张。在广播之前要做些口唇练习，如将舌头在口腔内360°大循环15次左右。此外，美妙的声音来自正确的呼吸，气息短、坐姿不正确也会造成紧张。坐如钟，头背一线，双脚自然平放，不要耸肩。

（五）呼吸

要有一定的呼吸储量，要做到口鼻共同呼吸。呼吸要深，要用丹田呼吸法，将两肋打开，小腹收紧，肚皮始终是硬的，这就是气息支撑。不管自然条件多么困难，都要把气沉下去。胸腔共鸣能产生磁性的声音。

（六）读准字音

前后鼻音一定要读准，如 an、en、in、un、ang、eng、ing、ong。平翘舌音一定要读准，如 zh、ch、sh、r、z、c、s。鼻音 n 和边音 l 一定要读准。

练一练 ▼

1. 按照播音要求，使用播音技巧读飞机客舱安全示范广播词。

女士们、先生们，请注意。现在，我们的乘务员将为您介绍机上的应急设备及使用方法。您的座位上有一条对扣起来的安全带，请您将它绕过身体两侧对扣并拉紧。氧气面罩储藏在您的头顶上方，当出现紧急情况时，氧气面罩会自动脱落，请您用力向下拉面罩，将面罩戴在口鼻处并把带子套在头上加以固定就可以正常呼吸了。如果有小孩和您一起旅行，在帮助他之前，请先把您的面罩固定好。

2. 按照播音要求，使用播音技巧读飞机落地广播词。

亲爱的旅客朋友们：我们已经安全抵达目的地，飞机现在需要滑行到指定的停机位，为了确保您的安全，在"安全信号灯"熄灭前请不要站起来或打开行李架拿取行李，在打开舱门之前请不要开启和使用手机。下机时请带好全部行李物品，您的托运行李请到候机楼行李提取处领取。

任务二
掌握语言沟通技巧

　　航空服务岗位从业人员与旅客之间是服务与被服务的关系。进行良好的沟通是做好服务工作的关键因素，懂得沟通才能懂得如何更好地服务。航空服务人员对沟通技巧的运用，不仅体现在语言表达上，还体现在其他以身体辅助和加强表达的种种肢体语言（如微笑、注视、倾听等）上。它要求服务人员除了要使用适当的语言进行沟通外，还要用心观察、揣摩和分析旅客的诉求和意见。这些沟通技巧不仅能体现民航服务的水准，还能决定旅客对服务质量的综合印象。

读一读 ▼

旅客在客舱吸烟应如何处理

　　乘务员：旅客您好！飞机在飞行中，会受到气流的影响，产生轻重不同的颠簸，吸烟时稍有不慎，很容易失火；另外，客舱容积小，旅客密度大，吸烟也会污染客舱内的空气。所以，为了您和其他旅客的生命安全和身体健康，请您不要在客舱内吸烟，好吗？谢谢！

小贴士 ▼

　▶ **如何才能提高与旅客的沟通水平？**

　　（一）在工作中应注意培养自己的观察、注意、表达、聆听和劝说五大能力。

　　在对旅客的服务过程中，我们经常会碰到特殊的服务个例，这些个例能反映出服务人员的综合素质。发现和留心这些个例考验着每一名服务人员的观察和注意能力。航空服务过程中要求服务人员语言表达准确，使用文明用语，禁止使用"不知道""不清楚""老头""老太婆"等词语。还有，应少用专业术语，如在工作中，我们会将1、2、7、0发成幺、两、拐、洞的音，但和旅客交流时1270航班就不能读成"幺两拐洞"。在与旅客沟通的过程中，聆听和劝说考验的是服务人员的语言技巧以及实际处事的能力。不一样的旅客需求不同，我们应采用不同的沟通方式。在服务中，我们尤其要学会聆听，即聆听来自旅客的需求。

（二）面对旅客要做到以下几点。

1. 态度务必诚恳、真切。

2. 说话语气要婉转、缓和。

3. 在服务过程中要想方设法、积极作为，切忌有始无终或半途而废。

4. 真诚地向旅客表示歉意或谢意（对无法改善的处境表示歉意，对旅客的意见或建议表示谢意）。

一、词汇

在沟通过程中，如果沟通的对象不能理解信息发出者所传递的信息，这种沟通就属于无效沟通。服务人员在向旅客交代注意事项，检查起飞前的准备工作时，要选择通俗的用词，尤其是面对老年人或文化水平较低的旅客时，应尽量避免使用民航专业术语。例如，服务人员在与旅客沟通时，要根据旅客的具体情况，选择合适且旅客能理解的词语，尤其要选择旅客容易接受的、婉转的语言，避免使用伤害性的语言。

二、语速

语速要适宜，不要过快，也不要过慢或不合时宜地停顿。语速过快，旅客跟不上，会反应不过来，甚至可能不明白航空服务人员在说什么；语速过慢，则让人听了着急。用什么样的语速最合适呢？《新闻联播》中播音员的语速控制得相对较为合适，他们基本上每分钟说300个字左右，让人听起来比较舒服。对从事民航服务工作的人来说，要经常有意识地锻炼自己。因为快速的谈话、尴尬的停顿或语速缓慢、过于审慎的谈话都可能传递一些非故意的信息，可能会让旅客感觉航空服务人员隐瞒了某些事实。

三、语调

说话者的语调可以无形地影响信息的含义，从而影响沟通的效果。即使是对一个简单问题的陈述，凭借语调便可以表达热情、关心和愤怒等情感。另外，情绪因素可以直接影响说话的语调。所以，航空服务人员应该时刻注意调整自己的情绪状态，努力克制消极情绪，避免因不良状态影响说话的语调，从而在无意间给旅客传递一些消极的信息，进而影响服务的质量，更不能因自己主观的消极情绪而影响与旅客交流的态度，切不可迁怒于旅客。

同样，旅客说话的语调也可以为服务人员提供一定的信息，如旅客的情绪状态是积极的、兴奋的、阳光的、乐观的，抑或是消极的、低落的、焦虑的、悲观的。只要在工作中留心观察，便能及时发现，从而合理应对。

四、清晰和简洁

有效沟通的三要素是简单、简短、重点突出。使用简明扼要的词句可以减少一些不必要的混淆。如果絮絮叨叨，说得太多，又抓不住重点，旅客可能记不下来，甚至不明白航空服务人员的意思，从而可能导致沟通无效。

合适的语速和清晰的发音可以保证交流的有效进行，对一些特殊的旅客还要特殊对待。例如，面对老年旅客或听障旅客，必要时可提高音量，凑近一些，重复两遍，或用肢体语言辅助表达，以便旅客能清楚地理解服务人员要表达的内容。

五、体态语表达

体态语言是通过表情、举止、神态、姿势等象征性体态来表达意义的一种沟通手段。在服务过程中，航空服务人员要注意微笑、目光交流、手势姿势等细节。面部表情能够真实、准确地反映感情、传递信息。温和的表情、适

当的目光交流、得体的举止和姿态会增强旅客的信任感和亲切感，而微笑和聆听的神态则会让旅客感到受重视和关怀。

六、洞察力

在服务过程中，要能够发现哪些旅客正在寻求帮助，以及他们需要什么样的帮助。必须明白，要想为旅客提供最优质的服务，就必须了解旅客的真正需求。在整个过程中，要用心对待每位旅客，通过仔细观察旅客的举止、言谈，来判断旅客需要什么样的帮助。

七、学会聆听

航空服务人员在聆听时一定要神情专注，中途尽量不要打断旅客或插话，以免扰乱其思路。赞同或附和时，要轻声说"是""嗯""好的"，或点头表示同意，这样就可以迅速地拉近和旅客的距离。

读一读▼

语言沟通注意事项

首先，航空服务人员在服务过程中要多使用礼貌规范的语言，避免说一些随便、粗俗的话语。但同时要防止走向极端，就是过分使用书面语言。

其次，要选用文雅的词语，即在交谈时，尤其是在与他人进行正式交谈时，用词用语一定要力求谦和、恭谨、文雅。例如，称呼对方为"您""先生""女士"等，用"贵姓"代替"你姓什么"。

最后，声音大小要适当，语调应平和稳重，要使旅客感到亲切自然，在遣词造句时要和平常说话不同。

任务三
空乘播音

空乘播音是乘务员在进行服务工作过程中，通过声音及时向旅客传达信息的一种方式。空乘播音的稿件均属于服务性的稿件，在进行播音训练时要求亲切、自然、口语化，要有直接的交流感。用声形式以实声为主，较弱、亲切、柔和；吐字要清晰流畅，气息量稍微偏小，舒缓平和、运用灵活。

一、确认航班广播

尊敬的旅客朋友们：

欢迎您选乘＿＿＿＿＿＿＿＿航空公司＿＿＿＿＿＿＿＿航班，由成都飞往九寨沟，请您再次确认您的机票和登机牌！

谢谢！

Ladies and gentlemen,

Welcome aboard ＿＿＿＿ Airlines flight number＿＿＿＿ from Chengdu to Jiuzhaigou Valley. Would you please check your ticket and boarding pass again.

Thank you!

二、安排行李广播

各位旅客：

欢迎您选乘＿＿＿＿航空公司的班机。登机后请您对号入座，您的座位号码位于行李架边缘。手提行李放在行李架上或前排座椅底下。请找到座位的旅客尽快入座，以方便后面的旅客尽快登机。

谢谢！

Ladies and gentlemen,

Welcome aboard _____ Airlines. Please take your seat according to your number. Your seat number is on the edge of the rack. Please make sure your hand baggage is stored in the overhead locker. Any small articles can be put under the seat in front of you. Please take your assigned seat as quickly as possible and leave the aisle clear for others to be seated.

Thank you for your cooperation.

三、安全须知广播

尊敬的旅客朋友们：

现在我们将通过录像为您介绍机上安全知识，请您注意收看。

谢谢！

Ladies and gentlemen,

We will show you the safety instructions on the video screen. Please watch carefully.

Thank you.

四、欢迎词

尊敬的旅客朋友们：

早上（中午／晚上）好！

欢迎您乘坐_____航空公司_____航班，由_____飞往_____（中途经停_____）。我们预计空中飞行时间为_____。

［今天由于（①飞机晚到；②空中交通管制；③航路上天气问题；④机场跑道繁忙；⑤航路上军事禁航；⑥飞机排除故障；⑦航路上导航设备故障），本次航班出现延误，耽误了您的行程，对此我们深表歉意。］

我是本次航班的乘务长，我们机组全体人员非常高兴与您同行并竭诚为您服务。

谢谢！

Ladies and gentlemen,

Good morning (afternoon / evening) !

Welcome aboard _____ Airlines flight number _____ from _____ to _____ (via _____) . The flight to _____ will take _____ hours and _____ minutes.

[We apologize for the delay due to(① late arrival of the aircraft;　② air traffic control; ③ bad weather; ④ airfield runway traffic; ⑤ military forbidden area; ⑥ mechanical trouble; ⑦ airline direction equipment failure).]

I am the purser. On behalf of the captain and members of the crew, it is our pleasure to serve you.

Thank you.

五、终点站落地广播

女士们、先生们：

我们的飞机已经到达_____（国际）机场，现在是北京时间_____，外面的温度为_____摄氏度。_____（国际）机场距离市区约为_____千米。

为了您的安全，请您在原位上坐好并系好安全带，等飞机安全停稳后，再解开安全带。打开行李架时请小心，以免行李滑落。下机时，请携带好您的所有随身行李，请妥善保管好您的现金和贵重物品，以防止丢失。您所托运的行李请到候机楼行李提取处领取。

各位旅客，感谢您选乘_____航空公司的班机，我们期待与您下次相会！

谢谢！

Ladies and gentlemen,

We have just landed at _____ (international) airport. It is _____. The ground temperature is _____ degrees Celsius. It is _____ kilometers between the (international) airport and downtown.

For your safety, please remain seated and keep your seat belt fastened until the aircraft comes to a complete stop. Please be careful when you open the overhead compartment. Please take all your belongings, and take care of the checked baggage from baggage claim area in the terminal building.

Thank you for choosing _____ Airlines flight. Thanks for flying with us today. We look forward to seeing you again.

Thank you.

小贴士 ▼

▶ **广播的注意事项**

广播考核一向是空乘面试时考查面试者发音是否标准清晰的重要环节。大部分同学认为只要能够读出每个词语和句子就可以通过，实则不然。以下几点都是需要注意的。

1. 音量

只有保证合适的音量出现在正确的场合才恰如其分。在飞行途中，我们需要轻柔的音量，给旅客营造出舒适安静的休息环境，当然音量也不能太小，否则会让旅客听不清楚。

2. 语速

语速过快给人急躁、不稳定的感觉，容易让旅客产生不安全感，甚至恐慌。飞行途中的广播语速需要不紧不慢，节奏平稳，这才是最礼貌、最得体的表达。

3. 语调

控制了音量和语速，正确的语调可以给一段广播注入灵魂。旅客登机时的迎客广播需要精神饱满的情感流露，旅途中的餐饮广播则需要柔和的语调。介绍目的地城市时要优雅大方，客舱广播寻找医生或者紧急撤离时语调则应沉稳，这样才可以被信任。

任务四
突发事件处理的播音

　　飞机在飞行过程中可能会遇到一些突发事件，如客舱有烟雾、客舱失火、紧急下降、飞机冲出跑道等。当遇到这些突发事件时，乘务员必须对旅客进行情况说明。在进行这类广播时，播音员除了要亲切、自然、吐字清楚外，还要做到有感播音，用亲切、柔和的语调向旅客传递安全感。

一、客舱有烟雾广播

女士们，先生们：

　　由于客舱失火有烟雾，请大家立即弯下腰，低下头，用手帕、衣物等捂住口鼻，请系好安全带。听从乘务员的指挥。

　　谢谢！

Ladies and gentlemen,

　　There are a lot of smoke because of a minor fire in the cabin. Please bend over and cover your mouth and nose with handkerchief or clothes. Please fasten your seat belt.

　　Thank you.

二、客舱失火广播

女士们，先生们：

　　现在客舱尾部（前部、中部）有一处失火，请大家不要惊慌，我们正在组织灭火。请您坐好，系好安全带，不要来回走动。火源附近的旅客请听从乘务员的指挥调整您的座位。

　　谢谢！

Ladies and gentlemen,

A minor fire has broken out in the rear (front, middle) of the cabin. We are now putting it out. Passengers sitting near the fire, please change your seats according to the instruction of cabin attendants. Other passengers do not leave your seat and fasten your seat belt.

Thank you.

三、灭火后广播

女士们，先生们：

现在客舱的火势已被控制，飞机处于良好状态，我们预计在（上午／下午）_____到达_____机场。对于给您带来的不便我们深表歉意。

机组全体人员对您所给予的协助表示衷心的感谢。

Ladies and gentlemen,

The fire has been completely put out. The plane is cruising on schedule and the arrival time is _____(a.m./p.m.) at _____ Airport. We are sorry to have disturbed you.

Thank you for your cooperation.

四、紧急下降广播

女士们，先生们：

现在飞机紧急下降，请各位旅客系紧安全带、收起小桌板、调直座椅靠背，紧急下降期间请不要离开自己的座位。

谢谢！

Ladies and gentlemen,

This is an emergency descent. Please fasten your seat belt, retract your tables and return the seat back to the upright position. Please do not leave your seat.

Thank you.

五、飞机冲出跑道广播

女士们，先生们：

　　由于飞机冲出跑道（偏出跑道），请旅客们坐在自己的座位上并保持安静。请等我们的广播通知。

　　谢谢！

Ladies and gentlemen,

　　The plane has rushed out (run off the edge) of the runway. Please do not worry and remain in your seat for further information.

　　Thank you.

六、乘务长广播

女士们、先生们：

　　请注意：现在是乘务长广播。如同机长所述，我们已经决定采取陆地（水上）迫降，我们全体机组人员都受过良好的训练，有信心、有能力保证您的安全。现在请您保持镇静并听从乘务员的指挥，回座位坐好、系好安全带，调直座椅靠背，扣好小桌板（及脚蹬）。请把所有的行李放在前面座椅下面或行李架内，严禁放在过道或紧急出口处。

Ladies and gentlemen,

　　Your attention, please. This is your cabin chief. It is necessary to make an emergency ditching. The crew is well trained to handle this situation. Keep calm and follow the instructions of the cabin attendants. Return to your seat and fasten your seat belt. Put your seat back in the upright position, stow your tray table (and footrest). Put all of your baggage under the seat in front of you or in the overhead compartment.

任务五
地勤播音

　　在机场地面为旅客进行服务的员工统称为地勤人员。地勤人员主要由机场与航空公司两部分人员组成。其中广播服务是地勤人员很重要的工作内容之一，包括提醒旅客登机或广播寻找已到机场而未登机的旅客。播音时要求亲切、自然、口语化，有直接的交流感。

一、开始办理乘机手续广播

前往_____的旅客请注意：

　　您乘坐的（补班）_____次航班现在开始办理乘机手续，请您到_____号柜台办理。

　　谢谢！

Ladies and gentlemen,

　　May I have your attention，please?

　　We are now ready for check-in for (supplementary) flight _____ to _____ at counter No. _____.

　　Thank you.

二、推迟办理乘机手续广播

乘坐（补班）_____次航班前往_____的旅客请注意：

　　由于（①本站天气不够飞行标准；②航路天气不够飞行标准；③_____天气不够飞行标准；④飞机调配；⑤飞机机械故障；⑥飞机在本站出现机械故障；⑦飞机在_____机场出现机械故障；⑧空中交通管制；⑨_____机

场关闭；⑩通信问题），本次航班不能按时办理乘机手续。（预计推迟到_____点_____分办理。）请您在出发厅休息，等候通知。

谢谢！

Ladies and gentlemen,

May I have your attention, please?

Due to (① the poor weather condition at our airport; ② the poor weather condition over the air route; ③ the poor weather condition at the _____ Airport; ④ aircraft reallocation; ⑤ the maintenance of the aircraft; ⑥ the aircraft mainten-ance at our airport; ⑦ the aircraft maintenance at the _____ Airport; ⑧ air traffic control; ⑨ the close-down of _____ Airport; ⑩ communication trouble), the (supplementary) flight _____ to _____ has been delayed. (The check-in for this flight will be postponed to _____:_____). Please wait in the departure hall for further information.

Thank you.

三、正常登机广播

（由_____备降本站）前往_____的旅客请注意：

您乘坐的（补班）_____次航班现在开始登机。请带好您的随身物品，出示登机牌，由_____号登机口上（_____号）飞机。祝您旅途愉快。

谢谢！

Ladies and gentlemen,

May I have your attention, please?

(Supplementary) Flight _____ (alternated from _____) to _____ is now boarding. Would you please have your belongings and boarding passes ready and board the aircraft (No. _____) through gate NO. _____. We wish you a pleasant journey.

Thank you.

四、航班延误广播

（由_____备降本站）前往_____的旅客请注意：

我们抱歉地通知，您乘坐的（补班）_____次航班由于（①本站天气不够飞行标准；②航路天气不够飞行标准；③_____天气不够飞行标准；④飞机调配；⑤飞机机械故障；⑥空中交通管制；⑦_____机场关闭；⑧通信问题）（①不能按时起飞；②将延误至_____；③将继续延误_____；④现在不能从本站起飞），起飞时间（①待定；②推迟到_____点_____分）。在此我们深表歉意，请您在候机厅休息，等候通知。[如果您有什么要求，请与（_____号）（①不正常航班服务台；②服务台；③问询台）工作人员联系。]

谢谢！

Ladies and gentlemen,

May I have your attention, please?

We regret to announce that (supplementary) flight _____(alternated from _____) to_____（① can not leave on schedule; ② will be delayed to _____:_____; ③ will be further delayed to_____:_____; ④ can not take off now）due to (① the poor weather condition at our airport; ② the poor weather condition over the air route; ③ The poor weather condition at the _____ Airport; ④ aircraft reallocation; ⑤ the maintenance of the aircraft; ⑥ air traffic control; ⑦ the close-down of _____ Airport; ⑧ communication trouble). Would you please remain in the waiting hall and wait for further information. [If you have any problems or questions, please contact with the (① irregular flight service counter; ② service counter; ③ information desk)(No. _____).]

Thank you.

五、航班取消广播

前往＿＿＿＿＿的旅客请注意：

我们抱歉地通知，您乘坐的（补班）＿＿＿＿＿＿次航班由于（①本站天气不够飞行标准；②航路天气不够飞行标准；③＿＿＿＿＿天气不够飞行标准；④飞机调配；⑤飞机机械故障；⑥飞机在本站出现机械故障；⑦飞机在＿＿＿＿＿机场出现机械故障；⑧空中交通管制；⑨＿＿＿＿＿机场关闭；⑩通信问题）决定取消今日飞行，［①明日补班时间＿＿＿＿＿；②请您改乘（①今日；②明日）补班］＿＿＿＿＿次航班，起飞时间（①待定；②为＿＿＿＿＿点＿＿＿＿＿分）。在此我们深表歉意。［请您与（＿＿＿＿＿号）（①不正常航班服务台；②服务台；③问询台）工作人员联系，（或拨打联系电话＿＿＿＿＿，）我们将为您妥善安排。］

谢谢！

Ladies and gentlemen,

May I have your attention please?

We regret to announce that (supplementary) flight＿＿＿＿＿ to ＿＿＿＿＿has been cancelled due to (① the poor weather condition at our airport; ② the poor weather condition over the air route; ③ the poor weather condition at the ＿＿＿＿＿ Airport; ④ aircraft reallocation; ⑤ the maintenance of the aircraft; ⑥ the aircraft maintenance at our airport; ⑦ the aircraft maintenance at the ＿＿＿＿＿ Airport; ⑧ air traffic control; ⑨ the close-down of ＿＿＿＿＿ Airport; ⑩ communication trouble). (Supplementary) Flight＿＿＿＿＿ (to tomorrow)(at＿＿＿＿＿:＿＿＿＿＿). [Would you please contact with (① irregular flight service counter; ② service counter; ③ information desk)(No.＿＿＿＿＿)(or call ＿＿＿＿＿). We will make all necessary arrangements.]

Thank you.

六、航班到达广播

迎接旅客的各位请注意：

由_____飞来本站的（补班）_____次航班已经到达。

谢谢！

Ladies and gentlemen,

May I have your attention, please?

(Supplementary) Flight _____from _____ is landing now.

Thank you.

读一读 ▼

你不知道的地勤人员

1. 地勤人员的构成

航空管理、旅客业务、航空货运等部门的员工都属于地勤人员。

为旅客办理乘机手续（换登机牌、收运旅客的托运行李、安排旅客的座位）的工作人员。

各大航空公司设在机场为贵宾服务的服务人员。

为保证航空器及旅客的人身、财产安全，对旅客及其行李物品进行检查的工作人员。

在机场出发厅协助旅客办理值机手续，同时及时将晚到的旅客指引到值机柜台或值班主任柜台的工作人员。

2. 地勤人员的工作内容

国内航线地勤人员的工作内容有：在机场柜台办理旅客报到、检查证件、行李过秤、座位分配及出票（即为旅客更换登机牌）；在候机室引导旅客通关候机、登机，并进行广播服务，提醒旅客登机或广播寻找已到机场而未登机的旅客；负责联系机上餐点、寻找失物、处理旅客申诉等。

任务六
客舱服务的口语交际

在某次航班上，一位旅客睡着了，醒来的时候已经错过了用餐时间。这位旅客对乘务员 A 说自己要一份鸡肉饭，而乘务员 A 有其他的事情要做，就交代给了乘务员 B。乘务员 B 发现没有鸡肉饭了，只剩下牛肉饭，便走到旅客面前，问道："您好，旅客，非常抱歉，您点的鸡肉饭没有了，现在有牛肉饭，您能接受吗？"乘务员按照标准的服务用语，使用亲切的沟通方式，让旅客心中愉悦并表示愿意更换餐食。

飞机客舱服务是民航运输服务的重要组成部分，它直接反映了航空公司的服务质量。客舱服务语言是指在服务过程中，乘务员借助一定的词语、语调表达思想、感情、意愿，与旅客进行交往的一种比较规范的，并能反映一定文明程度的，而又比较灵活的口头言语。服务语言是旅客对服务质量进行评价的重要内容之一，在服务过程中，语言适当得体、清晰、纯正、悦耳，就会使旅客有柔和、愉快、亲切之感，从而就能对服务工作有较好的印象。

一、客舱服务常用语

客舱服务语言是典型的职业用语，它的语言主体由职业词汇构成，一般情况下包括客舱内服务用语，以飞机结构、航空概况、航空地理、旅游景点介绍和空中服务等为主。客舱服务常用语如下。

（一）登机、送别时

· 欢迎您乘坐 ×× 公司的航班。

· 欢迎您！

· 早上好！

· 晚上好！

· 您好！

· 再见！

（二）餐饮服务

· 请问，您需要什么饮料？

· 请问，您需要用餐吗？我们现在准备为您提供正餐（小吃／点心）。

> · 如果您现在暂不需要用餐，我们将在您需要时提供，到时请您按一下呼叫铃，我们将随时为您服务。

> · 对不起，牛肉已经没有了，下餐开餐时，我会请您优先选择餐食品种。

> · 对不起，您需要的饮料供应完了，建议您品尝一下 ××× 饮料，这种饮料味道也不错。

· 对不起，每位旅客仅配一盒热食，您看给您提供些面包可以吗？

（三）其他服务

· 请稍等，我会尽力为您解决。

· 请稍等，我来帮您办。

· 请问，需要我来帮助您吗？

· 请问，您需要毛毯吗？

· 很抱歉，航班由于天气原因延误了，我们会及时为您提供最新消息。

· 谢谢您提供给我们的宝贵意见，我一定会向领导如实反映。

小贴士 ▼

▶ **客舱服务禁语**

"没办法。""这不关我的事。""这是地面的事。""这是其他部门的事，与我们无关。""不能放这。""你去投诉好了。""找我们乘务长。""我不知道。""我忙不过来。""你想干什么？"

二、客舱服务的特殊语言

客舱服务是在飞机客舱这一特殊的环境下对特殊群体进行的服务，由于环境等因素的限制，与其他服务行业相比，客舱服务具有自身的特殊性，安全责任高于一切。乘务员在飞机上不但要为旅客提供热情周到的服务，更重要的是保证机上的安全。

紧急情况下乘务员的常用语言："跟我来（学）""服从我的命令""你必须这样""听从指挥""坐""跳""动作要快""到这边来"。

三、客舱服务口语沟通要求及分类

（一）客舱服务语言沟通的要求

交谈的仪态：不论是作为言者还是听者，在交谈时乘务员必须保持精神饱满，表情自然大方，和颜悦色，面带微笑，目光温和，正视对方。

话题的选择：要选择旅客感兴趣的话题，比如与航空有关的话题，像飞机飞多高、航班飞过的航线地标、在飞行中需注意的问题等。

交谈的语态：乘务员在与旅客交谈时，语言表达应准确，还应做到语意完整、语声轻柔、语调亲切、语速适中。同时要照顾旅客的情绪，不可自己滔滔不绝说个没完，要给旅客留下说话的机会，从而做到互相沟通。

耐心的聆听：在与旅客交谈时，要注意耐心聆听旅客说话。对交谈的内容要做出积极的回应，如可以点头、微笑或简单重复旅客的说话内容，以此来表现乘务员的诚意。同时恰如其分的赞美是必不可少的，它能使交谈的气氛更加轻松、友好。

（二）客舱服务语言的具体分类

客舱服务语言可按客舱服务流程进行分类。

1.登机服务

做好准备工作，提前站在机舱门口迎接旅客登机，微笑着向旅客问好。欢迎旅客登机，态度要真诚、热情。

遇到需要帮助登机的旅客，可以用"欢迎您，我来帮您吧"等话语来问候，并应热心帮助旅客放置行李。对匆匆赶来的旅客，应热情地提供帮助，并引导旅客就座。

2. 机上服务

旅客坐稳后，应向旅客介绍乘坐飞机时的注意事项及机上设施的使用方法（有的采用录像带讲解），要注意音量适中。

当"系好安全带"的信号灯亮起时，提醒旅客系好安全带并及时检查每位旅客的安全带是否系好，必要时应向旅客提供帮助。

要做好安全检查，帮助旅客收起并扣紧小桌板、调节座椅靠背等。需按照规定调整客舱灯光；调暗灯光前，应先为阅读的旅客打开阅读灯。给旅客送上食品、饮料、杂志时，要彬彬有礼，微笑服务。在没有准备旅客需要的报刊时，应表示歉意，并介绍其他报刊。还要做好卫生工作。发放用品时要做到女士优先，先里后外。巡视客舱时，要说话轻、走路轻、动作轻。

还应主动与旅客沟通，细心观察旅客的需求，及时为旅客提供服务（提供毛毯、开关阅读灯等）。及时提醒旅客注意安全，耐心解答旅客的疑问。

3. 下机前服务

提前提醒旅客准备下机，提醒旅客携带好随身物品，热心向需要帮助的旅客提供帮助。向旅客道别，祝福旅客并目送旅客离去。

任务七
售票服务的口语交际

民航的售票服务属柜台服务，对服务人员的素质要求较高。整个民航地面的服务质量，首先是通过售票服务传递给旅客的。如果在售票服务的过程中给旅客留下不好的印象，就可能会影响旅客对整个民航地面服务质量的评价。

一、售票服务员的要求

（一）仪容

售票服务员要着装统一，不佩戴任何装饰物（包括发夹、胸花）。头发要经常清洗，留规定的发型；不擦过多的、怪味的发油、摩丝，不使用浓香水。女士不留长指甲，男士不留胡须和长发。

（二）仪态

在工作时间，要坚持微笑服务。在工作台上，按一定的程序进行工作，从而给旅客留下有条理的印象。不在旅客面前急促奔跑，以免让旅客产生不安全感。在售票服务中，要做到"两轻一快"，即操作轻，说话轻，服务快。在坐下时，还要保持坐姿端正。

（三）语言

售票服务工作对语言要求较高：要坚持使用普通话，不断提高自身英语会话的水平；要讲究语言艺术，根据不同的服务对象，用好敬语、问候语、称呼语；要有"五声"，即旅客来时有迎客声，遇到旅客有称呼声，受人帮助有致谢声，麻烦旅客有致歉声，旅客离开有送客声；杜绝使用"三语"，即蔑视语、否定语、斗气语；还要做到不与旅客争辩，不使用粗俗的言辞，不使用带有贬义的称呼，不让自己的声音高过旅客。

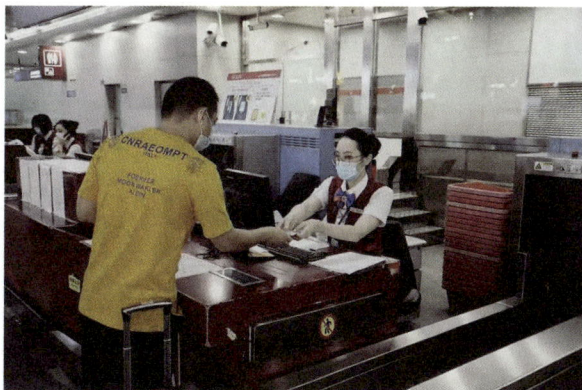

（四）原则

售票厅服务人员要遵循"保证重点、照顾一般、方便旅客"的原则，主动、热情、周到、文明、礼貌地为广大旅客服务。

二、售票服务的口语交际

（一）电话售票

在进行电话售票时，需注意遵守接打电话的礼节礼貌，树立良好的"电话服务形象"。

售票员：早上好！这里是中国国际航空公司售票处。请问需要我为您做什么？

李刚：请帮我订一张下周三到北京的机票。

售票员：请稍候，我帮您查一下。（半分钟后）让您久等了，国航到北京的航班是每天上午10点起飞，川航到北京的航班是每天下午4点起飞，请问您要哪个航空公司的机票？

李刚：国航上午10点的。

售票员：好的，请问您的姓名？

李刚：李刚，刚才的刚。

售票员：谢谢，请问您的身份证号码是多少？

李刚：310×××××××××××××。

售票员：好的，麻烦您留一个联系方式。

李刚：138×××××××。

售票员：谢谢，请问您要头等舱的票还是经济舱的票？

李刚：头等舱，多少钱？

售票员：1550元。

李刚：好的，谢谢。

售票员：不用谢，很乐意为您服务！再见！

（二）退票

旅客退票有多种原因，有时也会因退票款额不能达到预期而产生不良情绪。但无论如何，售票员都应当对旅客以礼相待，从而维护航空公司的良好形象。

售票员：早上好，请问需要我为您做什么？

王丽：我要退一张机票。

售票员：请坐。麻烦您出示一下您的机票和身份证，谢谢。

王丽：好的，给你。

售票员：谢谢，请稍等。您预订的是明天飞往上海的机票，我们可以为您办理退票手续，但是您要付一定的手续费。

王丽：我该付多少手续费呢？

售票员：根据航空公司的运输规范，旅客在航班规定离站时间 24 小时以内、2 小时以前要求退票，要收取客票价 10% 的退票费。您的票是明天飞往上海的，原价 1480 元，手续费是 148 元。

王丽：我明白了。

售票员：麻烦您填一下这张退票单。

王丽：可以。

售票员：这是您的证件；这是您的所退票款，扣除手续费 148 元后还有 1332 元，请收好。

王丽：谢谢。

售票员：不用谢，很乐意为您服务！再见！

思考与练习

一、思考与训练

1. 按照民航服务要求，完成对客服务口语交际（使用本书正文部分的服务用语）。

2. 按照播音要求，完成空乘、地勤、突发事件的广播（使用本书正文部分的广播词）。

二、行动建议

1. 在选择训练项目时，可以选择其他航班信息，在训练过程中应注意根据目的地的不同调整广播内容。

2. 在广播训练过程中，同学和教师或者是同学和同学可以扮演不同的角色，主要强调掌握标准的服务用语，并注意表情、身体姿态的配合，不需要太复杂的服务场景模拟设置。

3.在口语交际训练过程中，同学和教师或者是同学和同学可以扮演不同的角色，来进行语言沟通技巧训练。

4.在训练过程中，扮演乘务员的同学要尽量使用语言沟通的技巧，同时要做到真诚、合理地运用自己的体态语言，仔细聆听对方的诉求。

5.在结束后，师生要进行总结和点评。

项目五　掌握航空服务非语言沟通与特殊服务交际技能

　　航空服务人员对沟通技巧的运用，不仅体现在语言的表达上，还体现在以身体辅助和增强表达的非语言沟通能力，以及面对特殊旅客的服务能力上。它要求服务人员除了使用适当的语言进行沟通外，还要用心揣摩和分析旅客的诉求和意见。这些沟通技巧不仅能体现民航的服务水准，还能决定旅客对民航服务的印象。

案例导入 ▶ ▶ 2020年10月2日，浙江绍兴两名旅客将一面印有"人性服务　旅客至上"的锦旗送到杭州萧山国际机场安检总站旅检一室"奋进号"班组，以表示对安检人员人性化服务的感谢。

事情起源于三天前，浙江绍兴王先生夫妇的女儿远嫁深圳。按照家乡的习俗，女儿出嫁当天必须用父亲在家中储存的女儿红黄酒。王先生夫妇到达机场后，在进行安全检查时，安检人员告知他们，他们所携带的女儿红黄酒需要托运，不得随身携带。但王先生夫妇所乘航班的乘机手续已经停止办理，在了解女儿红黄酒对王先生的特殊意义后，"奋进号"班组急忙帮助他将女儿红黄酒装箱打包，随最快一班到深圳的航班办理了托运手续。王先生在登机的路上连连道谢，对机场的热情服务赞不绝口。

任务一
掌握航空服务人员非语言沟通技能

非语言沟通就是在与旅客交谈的过程中，除了运用大量的口头语言外，还要辅以大量的表情、手势等身体语言，从而强化自己所要表达的意思。这有助于使自己的表达更清晰，进而使旅客接受航空服务人员所持的想法。

一、非语言沟通的基本要求

（一）视线位置

在交谈的过程中，视线的位置尤其重要。航空服务人员在聆听旅客讲话时，眼神要辅助语言传递信息，这种无声的语言能给旅客一种认同感和肯定感。例如，在与旅客交谈时，视线的位置可放在对方的鼻梁上，表示尊重、重视对方的谈话，也可将视线的焦点置于对方的嘴巴附近的位置，视线范围亦可扩大至对方的耳朵附近。

（二）空间

人类对自己的空间看得很重，但是，只有当个人空间被侵占后才能被意识到。说话时双方之间的距离能传递很重要的非语言信息。

心理学家发现：1.2 米是人与人之间的安全距离。除非是特别信任、熟悉或者亲近的人，否则无论是说话还是进行其他的交往，小于这个距离，都会让人产生不安全的感觉。

人际交往距离：

亲密距离（0~45 厘米）。这种距离适用于双方关系最为密切的人，如夫妻及亲人或关系亲密的朋友之间（图 5-1）。

私人距离（46~120 厘米）。朋友、熟人或亲戚之间在往来时一般以这个距离为宜（图 5-2）。

图 5-1　亲密距离

图 5-2　私人距离

礼貌距离（121~360 厘米）。用于处理非个人事务的场合，如用于进行一般社交活动，或在办公、办理事情时。

一般距离（361~750 厘米）。适用于非正式的聚会，如在公共场所看演出等。

（三）面部表情

面部表情可以毫不隐瞒地传递沟通者的态度，嘴、唇、眉还有前额的动作都能传递包含个人情感的信息。

（四）眼睛

眼睛可以传递很多情感，眼神接触是情感传递的重要手段，通过眼神接触的频率和时间长短可以洞察一个人的感情。

（五）手的动作

手是人在活动中使用最为频繁、灵便的一部分，在航空服务过程中，运用好手势也能助服务更上一层楼。

对航空服务人员来说，手掌朝上表示毫无隐藏。因此，在指向物品或说明事物时，应手掌朝上；在指向细微的东西时，虽只用一根指头，也最好手掌朝上。手势的含义非常丰富，在服务过程中，若能辅以手势来进一步说明，必能提高服务的质量。

没有肢体语言的帮助，说话会变得很拘谨，但是过多或不合适的肢体语言也会让人生厌。自然、自信的身体语言能帮助我们沟通起来更加自如。

小贴士 ▼

▶ **人的肢体语言代表的意义**

下列肢体语言在我国代表的意义，你了解吗？

①点头——同意或者表示明白了、听懂了。

②搔头——迷惑或不相信。

③打呵欠——厌烦。

④鼓掌——赞成或高兴。

⑤轻拍肩背——鼓励、恭喜或安慰。

⑥笑——同意或满意。

⑦摇头——不同意、震惊或不相信。

⑧抖脚——紧张。

⑨走动——发脾气或受挫。

⑩晃动拳头——愤怒或具有攻击性。

⑪懒散地坐在椅子上——无聊或轻松一下。

⑫抬头挺胸——自信、果断。

⑬咬嘴唇——紧张、害怕或焦虑。

⑭扭绞双手——紧张、不安或害怕。

⑮眉毛上扬——不相信或惊讶。

⑯眯着眼——发怒、厌恶、不同意或不欣赏。

⑰向前倾——注意或感兴趣。

⑱坐在椅子边上——不安、厌烦或提高警惕。

⑲避免目光接触——冷漠、逃避、不关心、没有安全感、消极、恐惧或紧张等。

⑳双手放在背后——愤怒、不欣赏、不同意、防御或攻击。

㉑坐不安稳——不安、厌烦、紧张或者是提高警惕。

㉒环抱双臂——愤怒、不欣赏、不同意、防御或攻击。

㉓正视对方——友善、诚恳、外向、有安全感、自信、笃定等。

二、微笑训练

（一）面部表情——亲和力

面部表情要和蔼可亲，伴随微笑自然地露出 6～8 颗牙齿，嘴角微微上翘；在微笑时要注重"微"字，笑的幅度不宜过大（图 5-3）。

微笑时应真诚、亲切、善意、充满爱心。要做到口眼结合，嘴角、眼神含笑。

图 5-3　微笑

小贴士▼

▶ **微笑的训练方法**

1. 对镜训练法

先端坐镜前，衣装整洁，以轻松愉快的心情，调整呼吸，使之自然顺畅；再静心 3 秒，开始微笑，双唇轻闭，使嘴角微微翘起，面部肌肉舒展开来；同时注意眼神的配合，形成眉目舒展的微笑面容。如此反复多次。自我对镜微笑训练的时长随意。为了使效果更明显，可以放背景音乐（较欢快的节奏）。

2. 模拟微笑训练法

①轻合双唇。②两手食指伸出，指尖对接，放在嘴前15～20厘米处。③让两食指指尖以缓慢匀速分别向左右移动，使之拉开5～10厘米的距离，嘴唇随两食指的移动速度而同步增加唇角的展开度，并在意念中形成美丽的微笑。让微笑停留数秒。④两食指以缓慢匀速向中间靠拢，直至两食指相接；微笑的唇角以两指移动的速度同步缓缓收回。需要提示的是，还要训练将微笑缓缓收住，这很重要。切记不能让微笑突然停止。如此反复开合训练20～30次。

3. 情绪诱导法

情绪诱导法就是设法寻求外界的诱导、刺激，以求获得愉悦和兴奋的情绪，从而唤起微笑的方法。例如，打开喜欢的书页，翻看使自己高兴的照片、画册，回想过去幸福生活的片段，播放喜欢的、容易使自己快乐的乐曲，等等，以期在欣赏和回忆中引发微笑。最好用摄像机或手机记录下来。

4. 观摩欣赏法

这是几个人凑在一起，互相观摩和讨论，互相交流，互相鼓励，互相分享开心的事，获得微笑的一种方法。也可以在平时留心观察他人的微笑，把精彩的"镜头"封存在记忆中，时时模仿。

5. 含箸法

道具是一根洁净、光滑的圆柱形筷子（不宜用一次性的简易木筷，以防划破嘴唇），将其横放在嘴中，用牙轻轻咬住（含住），以观察微笑的状态。

（二）眼神

面对旅客时要目光友善、眼神柔和、亲切坦然，自然流露真诚。

眼睛礼貌地正视旅客，不能左顾右盼，更不能心不在焉。

眼神要实现"三个度"。

眼神的集中度：不要将目光聚集在旅客脸上的某个部位，而要用眼睛注视旅客脸部的三角部位，即以双眼为上线，嘴为下顶角，也就是双眼和嘴之间。

眼神的光泽度：精神饱满，在亲和力的理念指引下保持温暖的、神采奕奕的目光，再辅之以微笑和和蔼的面部表情。

眼神的交流度：迎着旅客的眼神进行目光交流，以传递对旅客的敬意与善良之意。

读一读 ▼

微笑原则

语言是人们进行沟通的工具，而微笑是一种无声的语言。它是沟通的开始，是人际交往的魔力开关。微微一笑，赛过万语千言。对航空服务人员来说，"微笑服务"更是一种特殊的情绪语言，是服务工作的润滑剂，是最起码的职业要求。在某些时候，它甚至可以取代语言。

微笑能表现出善意、尊重和友好，从而使旅客消除陌生感和恐惧感，进而产生"宾至如归"之感，并与航空服务人员建立良好的沟通渠道和关系。微笑也是化解服务矛盾的有效方式，有利于航空服务人员做好服务工作。

航空服务人员只有掌握微笑的八大原则，才能更好地展现自身的魅力。

1. 自然大方原则

航空服务人员在微笑时要神态自然、热情适度，最好表现为目光有神、眉开眼笑，这样才显得亲切、真诚、温暖、大方，使旅客有"宾至如归"的感觉。千万不可表演色彩过浓、故作姿态和生硬应付，否则会让人感觉皮笑肉不笑，没有诚意。

2. 主动微笑原则

作为成熟或训练有素的航空服务人员，在与旅客目光接触的同时，应首先向对方微笑，然后开口说话表示欢迎，再开始交谈。这样会给人以彬彬有礼、热情的印象，可以营造友好、热情和对自己服务有利的气氛，也因此会赢得对方的尊重。在与旅客目光接触时，如对方微笑在先，航空服务人员则必须马上还以礼貌的微笑。

3.真诚微笑原则

航空服务人员对旅客的微笑，应该是发自内心的。微笑的目的是什么？是欢迎旅客的到来，是展示自己的形象的礼仪。因此，真诚地欢迎旅客，真实地展现自己，能够让旅客和自己都感到快乐和舒适。如此，在整个旅途中，旅客都会有很愉快的心情，并且会积极地配合航空服务人员的工作。

4.最佳时机维持原则

航空服务人员在目光与旅客接触的瞬间，就要目视对方并微笑。此时航空服务人员应平视旅客、坦然自信；不可斜视旅客，也不可左顾右盼，更不可交头接耳，还不可有羞涩之感。微笑的最佳时间长度为3秒，时间过长会给人以假笑或不礼貌的感觉。要注意微笑的启动和收拢动作要自然，切忌突然用力启动和突然收拢。

5.眼中含笑原则

一个人是不是开心地笑，是不是真诚地笑，从其眼中就能找到答案。航空服务人员要微笑，更要眼中含笑，从而让旅客真正感受到航空服务人员在用心地提供服务。

6.健康微笑原则

微笑应该是健康的、爽朗的，当自身状况不佳时，即使露出笑脸，也会给人不自然的感觉。作为航空服务人员，在工作之余，要多进行体育锻炼，好的身体是1，其余的都是0，只有1存在，其余的才有意义。

7.天天微笑原则

对航空服务人员来讲，微笑应是自然、习惯的表情，为此，应让自己保持天天微笑的习惯，不能今天高兴就微笑，不高兴就不微笑；要做到一到工作岗位，就能抛却个人烦恼、不安、不快的情绪，做到精神振奋、热情地为旅客服务。有了良好的微笑习惯，才能让微笑服务进入新的境界。

8.一视同仁原则

旅客千差万别，各色各态，但"来的都是客"，必须一视同仁。无论是外宾或内宾、本地或外地旅客、男旅客或女旅客，都应同等对待，一律待之以微笑。一视同仁，最先要表现在脸上，那就是微笑。要用心微笑，用情微笑，微笑着面对每一位旅客。

任务二
掌握特殊服务交际技能

在工作中，航空服务人员会遇到一些特殊的旅客，这就需要服务人员具备特殊服务的沟通能力，这样才能更好地提供特殊的服务。

一、常用的服务英语

随着科技的发展，世界变得越来越"小"，在工作中，航空服务人员应用外语的机会会越来越多，需要掌握一些常用的英语口语。

①您好，欢迎。Good morning (afternoon, evening). Welcome aboard.

②是，对。Yes, I see.

③请。Please.

④我帮您……好吗？ Can I help you ...?

⑤我能麻烦您一下吗？ May I trouble you?

⑥愿为您服务。I'll be glad to.

⑦不客气。It's my pleasure./You are welcome.

⑧很抱歉。I'm sorry.

⑨打扰了。Excuse me.

⑩给您，拿好。Here you are.

⑪知道了（不知道）。Yes, I know (No, I don't know).

⑫谢谢。Thank you.

⑬您想……？ Do you want ...?

⑭不要担心，别着急。Don't worry.

⑮是，马上就去。Yes, I'm going away right now.

⑯让您久等了。Thank you for waiting.

⑰是您叫我吗？ Did you call me?

⑱是，马上给您拿来。Yes, I'll get one for you in just a moment.

⑲我不太确定，我马上查询。I'm not sure, I'll check it.

⑳很棒。Very good! / Quite right.

㉑希望没误您的事。I hope your business is all right.

㉒托您的福。Thanks to you.

㉓请稍候。Please wait just a moment.

二、常用手语

手语是聋哑人之间交往、传递思想的特殊语言规范方式。航空服务人员学习一些常用的手语，有助于提高特殊服务的技能水平。

①您好。

第一步，一手食指指向对方。第二步，一手伸出大拇指，表示好、钦佩（图5-4）。

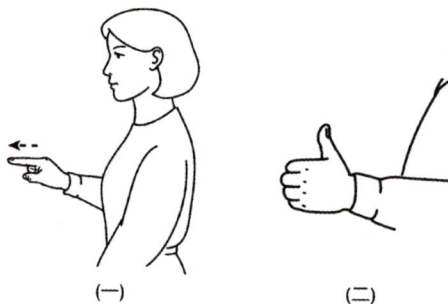

（一）　　　　（二）

图5-4　您好

②谢谢。

一手伸出拇指，弯曲两下，表示感谢（图5-5）。

图5-5　谢谢

③抱歉。

一手五指并拢，掌心向下，贴于前额一侧，然后下放并改伸小指，在胸部点几下，表示向人致歉并自责之意（图5-6）。

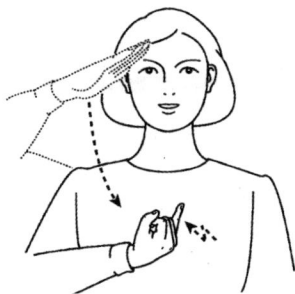

图 5-6　抱歉

④宝贵。

左手横伸；右手拇指、食指相捏，边砸向左手掌心边分开拇指和食指，食指指尖指向左前方（图 5-7）。

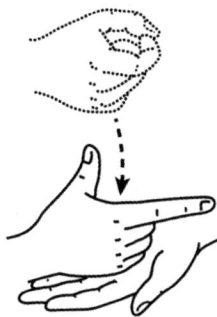

图 5-7　宝贵

⑤意见。

右手打手指字母"k"的指式，中指指尖朝左，从嘴部向前移出（图 5-8）。

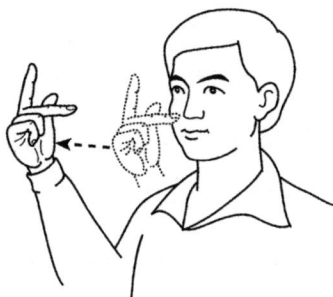

图 5-8　意见

⑥难过。

一手虚握贴于胸部，并转动几下，面露愁容（5-9）。

图 5-9　难过

⑦再见。

一手上举，五指自然伸出，手腕挥动两下（图 5-10）。

图 5-10　再见

思考与练习

一、思考与训练

1.在以下案例中，沟通失误在什么地方？

案例：一个旅行团登上了某航班。其中一位老人看到自己座位上方的行李架上放满了东西（机载应急设备），就将行李架上的防烟面罩等拿了下来，放在地板上，然后将自己的行李放在行李架上。

乘务员发现后，未调查设备移动的原因，就直接报告乘务长，且报告内容过于简单，导致乘务长判断失误，认为情况失控。乘务长未再次确认就汇报给机长，机长接到报告后通报地面处理。最后该旅行团的导游被带下了飞机，导致航班延误 52 分钟。

2.肢体语言训练。

①同学们 2 人一组，进行 2～3 分钟的交流，交谈内容不限。

②大家停下以后，请同学们说一下对方有什么非语言表现，包括肢体语

言和表情，比如有人爱眨眼，有人会不时地撩一下自己的头发。询问做出无意识动作的同学是否注意到了这些行为。

③请同学们再交流2~3分钟，这次要注意不要有任何肢体语言，看看与前次有什么不同。

交流结束后讨论的问题：

①在第一次交流中，有多少人注意到了自己的肢体语言？

②对方有没有什么动作或表情让你觉得极不舒服，你是否告诉了他你的这种情绪？

③当你不能用动作或表情辅助交流的时候，有什么样的感觉？是否会觉得很不舒服？

3. 微笑基本功训练。

在课堂上，每个人要准备一面小镜子，再做脸部运动。

①做各种表情训练，活跃脸部肌肉，使肌肉充满弹性；丰富自己的表情仓库；充分表达自己的思想感情。

②观察、比较哪一种微笑最美、最真、最善、最让人喜欢。

③对自己进行心理暗示——"今天真美、真高兴"。

④创设环境训练——假设一些场合、情境，调整自己的角色，绽放笑容。

⑤具体社交环境训练——遇见每一个熟人或打交道的人都展示自己最满意的微笑。

二、案例分析

1. 在航班飞行过程中，你发现一名旅客在卫生间吸烟。

提示：首先，用严肃的态度告诉这名旅客本次航班是禁烟航班，并制止该旅客，然后，说明在飞机这样一个特殊的空间内吸烟会引发火灾。注意态度要平和，不可训斥旅客。

2. 在飞机上，一名旅客不停地提问。

提示：首先，对旅客提出的问题要进行耐心细致的解答。旅客可能对有关飞机的一些问题产生好奇，这是可以理解的，在不影响自己工作的情况下，要尽可能地回答旅客的提问。若影响到了自己的工作，应

向旅客说明，待工作处理完，再对旅客的问题进行解答。然后，给旅客一些航空方面的书籍阅读。这样，既可以为旅客的旅途增添乐趣，又可以丰富旅客的知识。

三、行动建议

1. 飞机飞行中，一位乘务员在送餐过程中，不小心把咖啡洒在了旅客身上，旅客很气愤，要求投诉。请两名同学分别饰演乘务员和旅客，解决此问题。

2. 在国庆期间，本次航班除了一个团队的 8 人晚到，其余旅客均已登机完毕，眼看到了起飞时间，仍未关舱门起飞。客舱旅客出现了意见分歧，一部分旅客愿意等待，一部分则不愿等待，作为乘务员，你应该如何处理？

提示：首先，要以良好的态度向旅客解释仍未起飞的原因，并表示等待的时间不会太长，会开启绿色通道并以最快的速度让他们到达登机口登机。然后，代表未登机旅客向其他旅客道歉。在国庆长假期间一票难求的情况下，作为乘务员，站在一名旅客急切回家的角度，请其他旅客理解与谅解，要做到晓之以理，动之以情。